Umschlagfotos:
Umschlag der Ausgabe des Österreichischen Agrarverlages: Titelbild: GBA/GPL, Au/Hallert (D), Freisteller: Daniel Böswirth, Wien.
Umschlagrückseite: Wolfgang Redeleit, Bienenbüttel (D)

Umschlag der Ausgabe des Eugen Ulmer Verlages: Titelbild: GBA/GPL, Au/Hallert (D)

Impressum

Die Deutsche Bibliothek – CIP-Einheitsaufnahme
Ein Titelsatz für diese Publikation ist bei Der Deutschen Bibliothek erhältlich.

Lektorat: Elke Papouschek, Österreichischer Agrarverlag
Korrektorat: Christina Spiegl
Umschlaggestaltung: Atelier Reichert, Stuttgart
Grafische Gestaltung & Satz: GSB – Graphikdesign Smitty Brandner
Illustrationen: Lisi Manneh
Printed in Austria
Druck und Bindung: Landesverlag Druckservice, Linz

ISBN (Österreich): 3-7040-2014-1
ISBN (Deutschland): 3-8001-4598-7

Helmut Reisenberger

Wintergärten

Schritt für Schritt zur grünen Oase

Verlag Eugen Ulmer
Österreichischer Agrarverlag

Inhaltsverzeichnis

Inhaltsverzeichnis

Vorwort 7

Der Wunsch nach einem Wintergarten 8

Gewächshaus oder Wintergarten? 10

Die Einteilung nach klimatischen Ansprüchen 10

Der integrierte Wintergarten 12

Der angebaute Wintergarten 14

Der Wintergarten statt einer Terrasse 16

Ein Warmhaus-Wintergarten als Wohnraum 18

Planung & Vorbereitung von Wintergärten 20

Verschiedene Bausysteme 22

Material und Technik 22

Errichtung durch eine Firma 34

Behördliche Abklärungen 36

Die Firmensuche 38

Vergleich von Angeboten und Auftragsvergabe 40

Baubegleitung und Bauüberwachung 41

Endabnahme und Gewährleistung 42

Ausgewählte Pflanzen 44

Pflanzen für den unbeheizten Wintergarten 46

Pflanzen für den temperierten Wintergarten 59

Pflanzen für den warmen Wintergarten 68

Weitere Wintergartenpflanzen im Überblick 76

Pflanzenpraxis – Arbeiten im Wintergarten 78

Auspflanzung und Startpflege 80

Regelmäßige Pflegearbeiten 84

Vorbeugung und behutsamer Pflanzenschutz 86

Krankheiten und Schädlinge 89

Übersicht Nützlingseinsatz 93

Index 94

Bezugsquellen und Adressen, Literaturtipps und Bildquellen 96

Vorwort

Der Traum vom ewigen Frühling und die Sehnsucht nach südlicher Exotik – eingefangen und vor frostigem Klima geschützt – das waren nur zwei romantische Motive für die Errichtung von Wintergärten im 19. Jahrhundert. Andere Ansätze waren dagegen praktische: eine Anlage für Anzucht und Vermehrung, ein Winterquartier für mehrjährige Sommerblumen oder ein Refugium für wertvolle botanische Sammlerstücke zu schaffen.

Wintergärten spielten aber auch eine soziale Rolle. Durch ihre Integration in den Wohnbereich ersetzten oder ergänzten sie die düsteren Salons und wurden so zu einem beliebten Ort des familiären Zusammentreffens und der Repräsentation.

Doch später forderte die Geschichte ihren Tribut: Soziale Veränderungen, Kriege und Wirtschaftskrisen bedingten bald den Verzicht auf feudalbeschaulichen Wohnstil. Die meisten Wintergärten fielen dem Sparstift zum Opfer.

Erst im letzten Drittel des 20. Jahrhunderts ermöglichte der wirtschaftliche Aufschwung neues Wohngefühl. Der Umgang mit der Freizeit wurde thematisiert und ein neues ökologisches Bewusstsein geweckt. Das Interesse für Botanik und Gartenbau nahm zu. Wintergärten für Lebensqualität und Mußestunden, Gewächshäuser für Anzucht und Überwinterung von Pflanzen kamen wieder in Mode. Wohnqualität wurde wieder leistbar.

Viele Fertigteilbauten und Reihenhäuser besitzen schon als Grundausstattung Wintergärten oder großzügige Blumenfenster.

Zugleich besteht aber großer Bedarf an der Nachrüstung von Glashäusern oder Glasanbauten nächst dem Wohnbereich. Ein vielfältiges Angebot an Systemen und Materialien, Accessoires und Zierpflanzen steht dafür zur Verfügung. Dieses Buch ist ein kompakter Einstieg in das Thema „Wintergarten“ und ein Leitfaden für alle, die die Anlage eines Wintergartens überlegen.

Helmut Reisenberger
Hennersdorf bei Wien,
im Frühjahr 2004

Der Wunsch nach einem Wintergarten

Das Gewächshaus hat eine funktionale Rolle als Raum zur Anzucht, Kultivierung und Überwinterung von Pflanzen. Der klassische Wintergarten ist meist eine Erweiterung des Wohnbereichs, also ein „grünes Wohnzimmer“.

Aus der Vielfalt von Konstruktions- und Gestaltungsvarianten werden einige Beispiele von Wintergärten vorgestellt.

Gewächshaus oder Wintergarten?

Das funktionale Gewächshaus

Man sollte sich vorweg klar darüber sein, ob man ein frostsicheres Überwinterungsquartier für Kübelpflanzen sucht oder ein Glashaus für die Anzucht und Vorkultur von Küchenkräutern, Gemüse und Sommerblumen errichten möchte.

Auch Hobbygärtner, die Pflanzenspezialitäten züchten wollen, benötigen ein funktionales Gewächshaus als witterungsunabhängigen Arbeitsraum.

Wintergärten zum Wohnen

Im Gegensatz zum Gewächshaus ist der klassische Wintergarten eine Erweiterung des Wohnbereichs. Ihm kommt vorwiegend eine soziale Rolle zu. Die Nutzung erstreckt sich vom Ruhe- und Erholungsraum für den Menschen bis zum familiären Treffpunkt als „grünem Wohnzimmer". Diese Rolle muss aber keineswegs auf Kosten einer gärtnerischen Ausgestaltung gehen. Im Gegenteil, menschliche und botanische Bedürfnisse können sich hervorragend ergänzen. Züchter botanischer Raritäten werden im Wintergarten eine gute Gelegenheit finden, ihre Pflanzen zu präsentieren und unter Glas lassen sich auch ganze Themengärten gestalten.

Ein in den Wohnbereich integrierter Wintergarten ist ein umweltfreundlicher Regulator des gesamten Wohnklimas und kann im Idealfall energiesparend wirken. Sonnenstrahlen heizen auf und eine Beschattung hat in Verbindung mit Belüftung einen kühlenden Effekt. Der Wintergarten kann also auch ein von der Witterung unabhängiger „Energiepuffer" sein – ein Nebeneffekt, den man bei Neuanlagen unbedingt nutzen sollte.

Die Einteilung nach klimatischen Ansprüchen

Die folgende Einteilung ergibt sich durch das regulierende Maß der nächtlichen Tiefsttemperaturen im Winterhalbjahr, ein Faktor, der für die Nutzung und Bepflanzung des Wintergartens entscheidend ist.

Der kalte Wintergarten

Das klassische Kalthaus umfasst einen Temperaturbereich von „gerade frostfrei" bis +10 °C im Winter. Der kalte Wintergarten ist Überwinterungsquartier für den Großteil unserer Kübelpflanzen, z. B. Afrikanische Schmucklilie *(Agapanthus africanus)*, Kamelie *(Camellia)* oder Echter Feigenbaum *(Ficus carica)*, der Aufenthalt für den Menschen ist hier aber höchstens zu winterlichen Betreuungszwecken möglich.

Auch eine Permanentbepflanzung mit vielen mediterranen, australischen, südafrikanischen und südamerikanischen Pflanzen ist möglich, sofern man im Winter bei starker Sonneneinstrahlung durch Belüftung einer zu starken Überhitzung

TIPP

In vielen Wohnräumen ist die Luftfeuchtigkeit generell sehr gering. Während in kalten und kühlen Wintergärten Lufttrockenheit ein Vorteil ist, wird diese von den meisten Warmhauspflanzen schlecht vertragen. An nicht zu kalten Wintertagen sollte gelüftet werden.

entgegenwirkt. Dazu geeignet sind etwa Palmlilie *(Yucca)*, Zwergpalme *(Chamaerops humilis)* oder Trompetenblume *(Campsis)*.

Das „Solarhaus" nimmt hier eine Sonderstellung ein. Es kommt ausschließlich mit Sonneneinstrahlung, also ohne zusätzliche Heizung, aus, wobei auch kurzfristig Temperaturen von knapp unter 0 °C möglich sind. Auch hier ist eine Bepflanzung möglich, da überraschend viele Pflanzenarten gut frostverträglich sind. Für viele Kübelpflanzen ist eine Überwinterung im Solarhaus sogar optimal.

Der temperierte Wintergarten
Manche Fachautoren nennen ihn auch „Lauwarmhaus". Hier bewegen sich die winterlichen Tiefsttemperaturen in der Nacht bei +12 bis 16 °C. Das ist für viele Kübelpflanzen bereits zu warm, da die dadurch notwendige Ruhephase unterdrückt wird. Der temperierte Wintergarten eignet sich aber als Dauerquartier für die meisten Zimmerpflanzen, etwa für Drachenbaum *(Dracaena)*, Känguru-Klimme *(Cissus antartica)* oder Kalanchoe *(Kalanchoe)*.

Der warme Wintergarten kann – unabhängig von der Außentemperatur – das ganze Jahr über genutzt werden.

Der warme Wintergarten
Hier findet man den Komfort des üblichen Wohnraumklimas. Der warme Wintergarten kann ganzjährig – unabhängig von den Außentemperaturen – genutzt werden und ist ein integrierter Bestandteil des Wohnbereiches.

Schöne, aber temperaturempfindliche Zimmerpflanzen kommen hier gut zur Geltung, der exotischen Phantasie sind kaum Grenzen gesetzt. Geeignet sind etwa Flamingoblume *(Anthurium*-Arten), Abessinische Zierbanane *(Ensete ventricosum)*, Baumfreund *(Philodedron*-Arten) oder Kentiapalme *(Howea)*.

Das Warmhaus ist auch das ideale Quartier für Sammlungen tropischer Raritäten, wie zum Beispiel Orchideen.

Der integrierte Wintergarten

Lage und bauliche Ausstattung

Hier bildet er die Südostecke einer im Viereck geschlossenen Gebäudefront.
Das Tragegerüst ist aus Holz-Leimbindern und damit zuverlässig vor groben Verwindungen sicher. Zwei Fenster lassen sich öffnen bzw. kippen. In der Mitte – Richtung Süden – gibt es eine Doppelflügeltür, die ebenfalls kippbar ist.

In der voll verglasten Dachfläche dienen zwei händisch zu bedienende Lüftungsklappen dem nötigen Luftaustausch – vor allem als Überhitzungsschutz im Sommer. Alle Fensterflächen bestehen aus gut isolierendem Verbund-Sicherheitsglas und können mit fix eingebauten, reflektierenden Jalousien schattiert werden. Der Boden ist verfliest.

Beheizung

Als winterliche Wärmequelle dient, wie im übrigen Haus, eine Fußbodenheizung. Zur Unterstreichung des Wohncharakters und weniger als ernst zu nehmende Wärmequelle kann an der hausseitigen Wand ein offener Kamin eingebaut werden.

Bepflanzung

Sie spielt hier eine untergeordnete Rolle und beschränkt sich auf die dekorative Wirkung. Wenige Topfpflanzen stehen in großen Übertöpfen aus Keramik. Ins Auge springt diesbezüglich ein Riesenblättriges Pfeilblatt *(Alocasia macrorrhiza)* mit bis zu 2 m langen Blättern. Im Übergangsbereich vom Wohnzimmer her steht im Halbschatten eine Kentiapalme *(Howea)*. Pflanzliches „Highlight“ ist eine reich verzweigte Tintenfisch-Aloe *(Aloe arborescens)*, die jedes Jahr sehr attraktive Blütenstände hervorbringt. Abgerundet wird die Bepflanzung mit kleinen Töpfen, bestückt mit „Wintergarten-Klassikern“, entlang der östlichen Glasfront.

Charakteristik

Dieser Wintergarten liegt voll im Trend und war von Anfang an als unmittelbare Erweiterung des Wohnbereichs geplant: der Wintergarten als „Konfektionsware“, als fixer Bestandteil eines Fertigteilhauses. Er ist ein problemloser und so gut wie ganzjährig nutzbarer, familienfreundlicher Wohlfühl-Raum, dessen Pflegeaufwand sich in Grenzen hält.

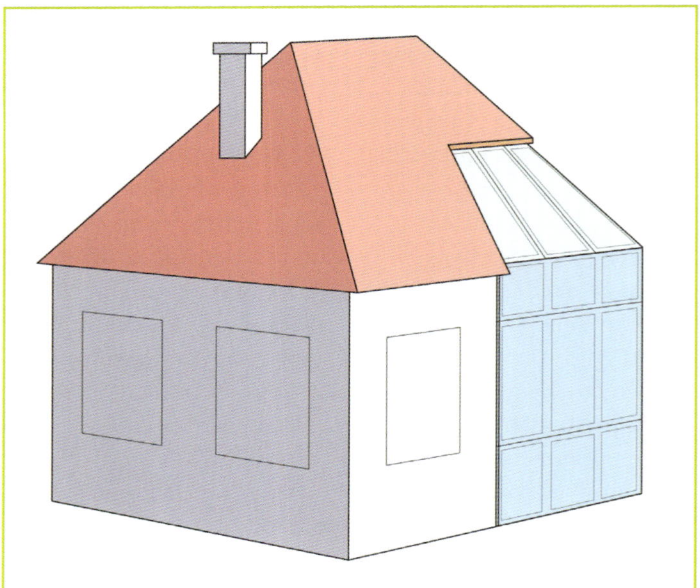

Der integrierte Wintergarten

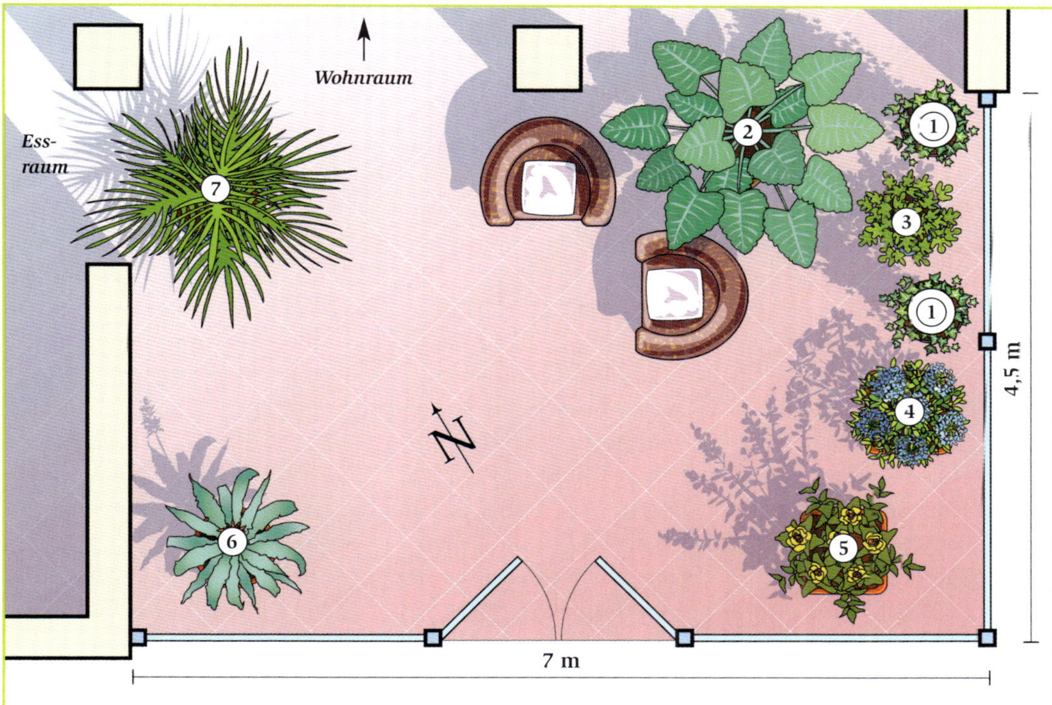

1) *Hedera* – als Säulenbepflanzung (Efeu)

2) *Alocasia macrorrhiza* (Riesenblättriges Pfeilblatt)

3) *Fatsia japonica* (Fatsie, Zimmeraralie)

4) *Plumbago auriculata* (Kap-Bleiwurz)

5) *Senna (Cassia) didymobotrya* (Geflügelte Senna)

6) *Aloe arborescens* (Tintenfisch-Aloe)

7) *Howea forsteriana* (Kentiapalme)

Der angebaute Wintergarten

Lage und bauliche Ausstattung

Aus mittelstarken Aluminium-Profilen wurde an der Südseite eines bereits bestehenden Einfamilienhauses dieser Wintergarten errichtet. Als Verbindung zum Wohnhaus wurde ein ehemaliges Fenster zu einer Glastür umgebaut. Auf einem frostsicheren Streifenfundament wurde an der Ost- und Westseite ein 60 cm hoher Sockel aufgemauert und nach innen noch mit naturnahen Lehmziegeln verstärkt. Die Einglasung der flach schrägen Decke und der beiden Seitenteile erfolgte mit 1,6 mm Doppelstegplatten. Im Deckenbereich gibt es eine einfache, händisch zu bedienende Lüftungsklappe. Die Südfront besteht aus Verbundglasscheiben, wobei alle Teile als Türen geöffnet werden können (zwei Doppelflügeltüren). Als Bodenbelag wurden Natursteinplatten verwendet.

Beheizung

Die Beheizung erfolgt durch einen modernen Eisenofen, der bei Bedarf in Betrieb genommen wird. Sonstige Heizquelle ist die Raumwärme des Hauses, die durch die geöffnete Tür zum Wohnbereich einströmt. Als eventuelle Unterstützung kommt bei kalten Außentemperaturen ein elektrischer Heizstrahler, regelbar per Thermostat, zum Einsatz.

Bepflanzung

Dieser Wintergarten ist nicht fix bepflanzt. Er dient vorwiegend als Überwinterungsquartier für große Kübelpflanzen und wird aus diesem Grund zwar frostfrei gehalten, aber im Winter kaum auf Wohnzimmertemperatur aufgeheizt. Bei Sonneneinstrahlung ergibt sich auch in der kalten Jahreszeit eine angenehme Tageswärme.

Charakteristik

Von November bis März wird dieser Wintergarten nur bedingt wohnlich genutzt. Auch eine Nutzung im Sommer ist wegen der großen Erwärmung nur eingeschränkt möglich. Die angenehmsten Temperaturen können in der Übergangszeit erzielt werden. Dieses unkomplizierte Klimamanagement kommt den zu überwinternden Pflanzen wie Oleander oder Zitrusgewächsen sehr zugute.

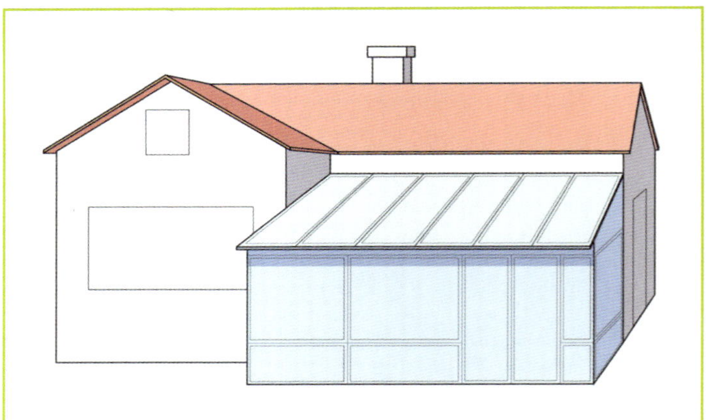

Der angebaute Wintergarten

1) *Podocarpus andinus* (Steineibe)

2) *Agave americana* (Agave)

3) *Fatsia japonica* (Fatsie, Zimmeraralie)

4) *Eucalyptus sideroxylon* (Mugga-Eukalyptus)

5) *Chamaerops humilis* (Zwergpalme)

6) *Yucca recurvifolia* (Palmlilie)

7) *Arum italicum* (Italienischer Aronstab)

8) *Zantedeschia* (Zimmerkalla)

9) *Nerium oleander* (Oleander)

Der Wintergarten statt einer Terrasse

Lage und bauliche Ausstattung

Eine häufige Ausgangslage für die Errichtung von Wintergärten ist die Überbauung einer Terrasse. Besonders günstig ist die Situation, wenn die Fläche durch ein bestehendes Bauwerk nach zwei, drei oder sogar vier Seiten geschützt ist. Dieses Beispiel ist eine „Winkellösung“: Nord- und Ostseite sind Außenwände des Wohnhauses. Die Westseite wurde auf einem Fundament halbhoch aufgemauert. Die Südseite ist eine großzügige Fensterfront.

Um eine „Hitzefalle“ im Sommer zu vermeiden, wurde im konkreten Fall auf das durchgehende Glasdach verzichtet. An seine Stelle tritt ein gut isoliertes Volldach in Pultausführung mit eingezogener Holzdecke nach innen. Darin wurden nur drei handelsübliche Dachflächenfenster in ausreichender Schräglage, mit jeweils 1 m^2 Verglasung, integriert. Diese Dachflächenfenster fungieren zugleich als Lüftungsklappen, die man nach Bedarf per Teleskopstange händisch bedienen kann. Das Tragegerüst dieses Wintergartens besteht aus gut abgelegenem und trockenem Lärchenholz und verwindungssicheren Leimbindern. In der mit Isolierglas gestalteten Südfront gibt es zwei Flügeltüren, die alle auch gekippt werden können. Im Sommer kann man die Türen mit wenigen Handgriffen entfernen – und in der Garage zwischenlagern. So entsteht dann eine luftige, offene Veranda. An die Stelle der Türen können dann leichte Alu-Elemente mit Fliegengitter treten, um vor lästigen Mücken, Wespen etc. zu schützen.

Beheizung

Der Boden dieses Wintergartens ist ohne Fußbodenheizung verfliest. Der Zugang vom Haus ist durch eine doppelflügelige Glastür möglich. Die Beheizung erfolgt über einen 2,5 m langen und 40 cm hohen Flachradiator der verlängerten bestehenden Zentralheizung. Das reicht für eine winterliche Durchschnittstemperatur von ca. 16 °C.

Bepflanzung

Die für die Begrünung verwendeten Topfpflanzen umfassen Arten, die weder im Winter noch im Sommer viel Licht brauchen. Besonders bewähren sich verschiedene Aronstabgewächse *(Araceae)* und *Philodendron*-Arten teils als Kletterpflanzen auf Rankgerüsten an der Nordwand. Andere Pflanzen aus gemäßigten Tropenregionen ergänzen die Bepflanzung, deren Pflegeaufwand sich in Grenzen hält.

Charakteristik

In diesem Wintergarten prägen die Pflanzen den Charakter. Als wohnliche Ausstattung gibt es nur eine kleine Sitzgruppe. Im Sommer ist die dem Wintergarten vorgelagerte, durch eine große Markise schattierte Terrasse ein beliebter und familienfreundlicher Aufenthaltsort.

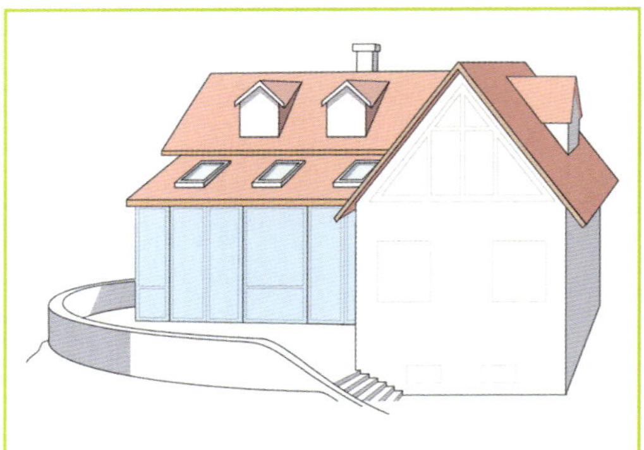

Der Wintergarten statt einer Terrasse

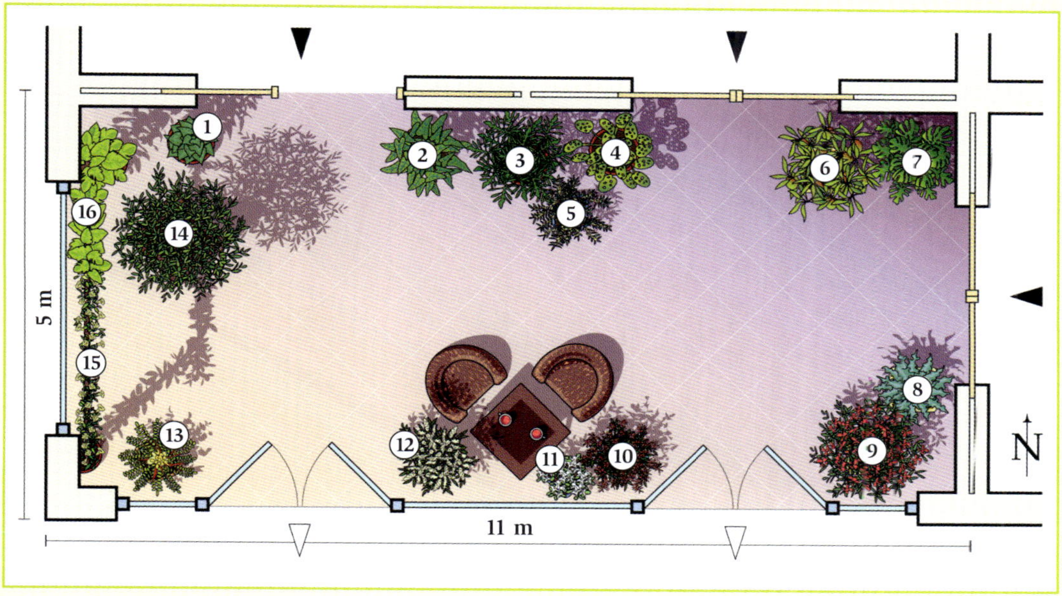

1) Philodendron scandens
(Kletternder Philodendron)

2) Philodendron erubescens
(Rotblättriger Philodendron)

3) Philodendron gracilis
(Philodendron)

4) Monstera friedrichsthalii
(Fensterblatt)

5) Acacia rubida
(Akazie)

6) Mangifera indica
(Mango)

7) Monstera deliciosa 'Variegata' (Fensterblatt)

8) Kalanchoe behorensis
(Kalanchoe, Napoleonhut)

9) Brachychiton acerifolius
(Flammender Flaschenbaum)

10) Callistemon speciosus
(Albany-Zylinderputzer)

11) Correa alba (Weiße Correa, Australische Fuchsie)

12) Callistemon pallidus
(Zitronen-Zylinderputzer)

13) Caesalpina gillesii
(Paradiesvogelstrauch)

14) Ficus macrophylla
(Moreton Bay-Feigenbaum)

15) Solandra grandiflora
(Goldkelch)

16) Epipremnum aureum
(Goldene Efeutute)

Ein Warmhaus-Wintergarten als Wohnraum

Lage und bauliche Ausstattung

Im Zuge des Neubaus eines Eigenheims sollte in diesem Beispiel über die Südfront ein großzügiger Wintergarten über zwei Stockwerke (Firsthöhe: 8 m) entstehen.

Vorteil war, dass bereits bei der Errichtung des Hauses alle technischen Einrichtungen mitberücksichtigt werden konnten. Der Fliesenboden ist durch bodenebene Bepflanzungsbecken unterbrochen. Diese sind gut einen Meter tief und besitzen einen oder mehrere Abflüsse für die Entsorgung von überschüssigem Gießwasser. Am Beckenboden gibt es eine mindestens 10 cm dicke Drainageschicht aus Rollkies. Die Bewässerung erfolgt über ein Rohrsystem und kann für jede Pflanzengruppe individuell angesteuert werden.

Bei den Fensterflächen und im Übergangsbereich zu den übrigen Wohnräumen wurden erhabene Becken mit ähnlicher Be- und Entwässerungstechnik angelegt. Modernste Technik mit automatischer Steuerung spielt in diesem Wintergarten eine große Rolle, obwohl die Installationen kaum sichtbar sind. Großer Wert wird auf Luftqualität und Klimatisierung gelegt.

Beheizung

Es wurde vermieden, eine durchgehende Fußbodenheizung zu installieren. Im Bereich des Wintergartens kommt die Strahlungswärme nur teilweise vom Boden, großteils eher von den Seitenwänden.

Bepflanzung

Für zahlreiche Kletterpflanzen gibt es keine Rankgitter, sondern senkrecht gespannte Drahtseile, die üppig umschlungen werden.

Charakteristik

Zentraler Punkt dieses Wintergartens ist eine Esstischgruppe, umgeben von tropischer Bepflanzung. Sauberkeit und Pflegefreundlichkeit sind oberstes Gebot. Die hier geschaffene exotische Atmosphäre rechtfertigt die hohen Aufwendungen.

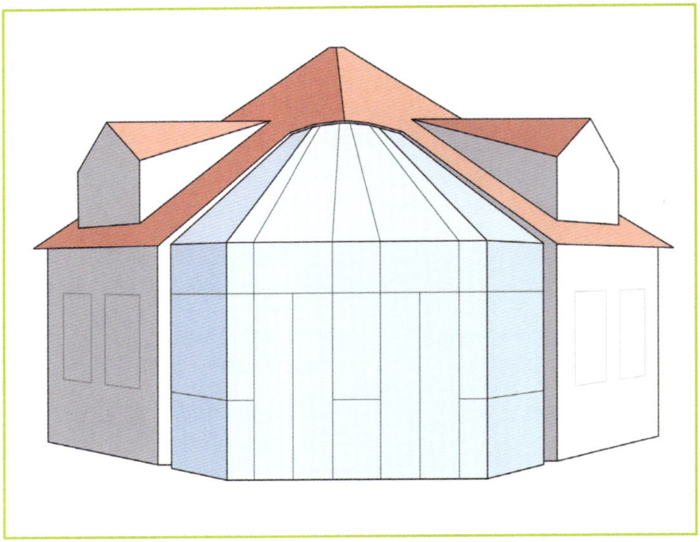

Ein Warmhaus-Wintergarten als Wohnraum

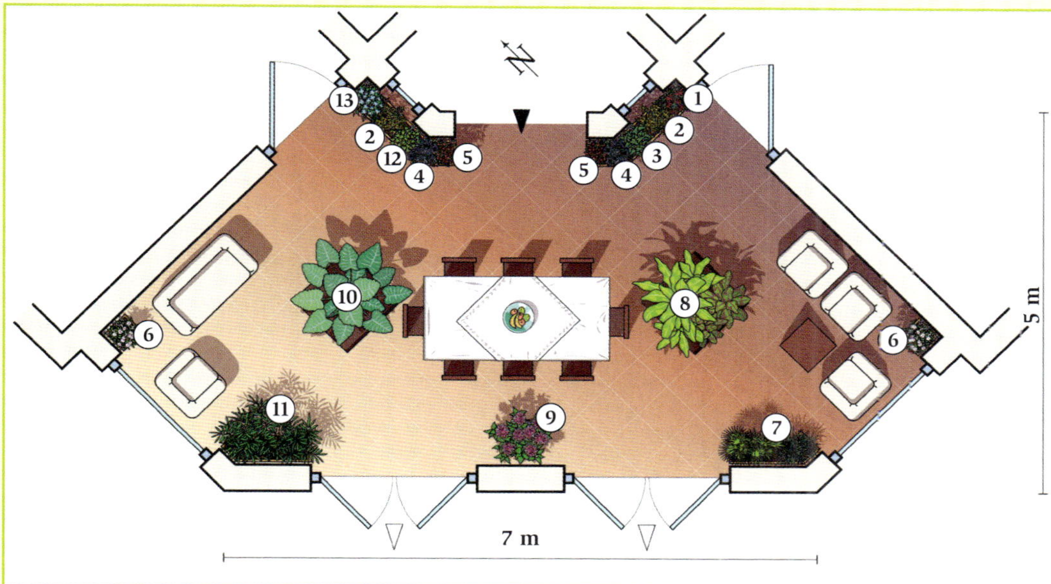

1) *Passiflora*
(Passionsblume)

2) *Senna (Cassia) corymbosa*
(Senna)

3) *Philodendron*
(Philodendron)

4) *Plumbago auriculata*
(Kap-Bleiwurz)

5) *Plumbago indica*
(Bleiwurz)

6) *Pandorea jasminoides*
(Rosa Pandorea)

7) *Thrinax* und *Chamaerops*
(Fächerpalmen)

8) *Musa basjoo*
(Japanische Faserbanane)
und *Ensete ventricosum*
(Zierbanane)

9) *Jacobinia carnea*
(Jacobinie)

10) *Alocasia macrorrhiza*
(Riesenblättriges Pfeilblatt)

11) *Chamaeodorea*
(Fiederpalme)

12) *Epipremnum pinnatum*
(Gefleckte Efeutute)

13) *Thunbergia grandiflora*
(Bengalische Thunbergie)

Planung & Vorbereitung von Wintergärten

Im Gegensatz zu Gewächshäusern werden Wintergärten baulich fast immer an das Wohnhaus angebunden. Drei Faktoren sind es, die die Form des Wintergartens bestimmen: die bauliche Positionierung, die Dimensionierung und die funktionellen Ansprüche.

Verschiedene Bausysteme

Sobald die finanziellen Grenzen abgesteckt sind und ein Investitionsrahmen feststeht, kann die konkrete Planung beginnen. Bestimmendes Element für den Standort ist die vorgesehene Nutzung: Steht der soziale Zweck im Vordergrund, also die Verwendung als begrünter Wohnraum, oder soll der Wintergarten hauptsächlich als Pflanzenquartier genützt werden?

Welche klassischen Systeme stehen zur Auswahl?

Standardlösungen, auf die wir uns hier konzentrieren möchten, sind das Anlehnhaus mit einfachem Pultdach und das dreiseitig frei stehende, angebaute Glashaus mit Satteldach. Natürlich gibt es noch viele erwähnenswerte Varianten und Optionen, die sich an unterschiedlichen baulichen Vorgaben oder individuellen Wünschen des Bauherrn orientieren.

Material und Technik

Für kleine Gewächshäuser gibt es im Handel komplett vorgefertigte Modelle verschiedener Größen. Diese Bausätze erlauben aber nur kleinere und mittlere Dimensionen und erfordern eine Reihe zusätzlicher Arbeiten, wie etwa die Errichtung eines Fundaments und die Installierung von Strom, Bewässerung und Heizung.

Das Fundament

Nach Festlegung und Vermessung der Baufläche kann die Planung des Fundaments erfolgen. Jeder Wintergarten muss ein eigenes Fundament haben. Etwa vorhandene feste Grundflächen (zum Beispiel eine Terrasse) sind ohne Adaption auf die genauen Maße des geplanten Wintergartens ungeeignet. Zumeist genügt eine Betonplatte, die etwas größer als die Dimension des späteren Glashauses gemessen wird. Bei großen, schweren Wintergärten muss der Randbereich entsprechend verstärkt ausgeführt werden. Das Fundament muss ausreichen, um die Last des Wintergartens zu tragen, und bis auf eine Frosttiefe von 80 bis 100 cm gegründet sein.

Sofern im späteren Glashaus Pflanzen direkt in den Boden gesetzt werden, tritt an die Stelle des Plattenfundaments ein so genanntes Streifenfundament als Begründung der tragenden Konstruktion. Soll der Wintergarten einen Bodenbelag, etwa Fliesen, bekommen, erfordert das als Unterlage eine Nässesperr-

Aluminium kann unbehandelt verwendet oder in jeder gewünschten Farbe beschichtet werden.

schicht und darüber einen Estrich, um eine ebene Fläche zu erzielen. Die Ausführung dieser Arbeiten sollte man einer Fachfirma überlassen, da Details baubehördlichen Auflagen unterliegen.

Die tragende Konstruktion – Metall oder Holz?

Eine wichtige Entscheidung für den späteren Gesamteindruck des Wintergartens: Beides ist möglich. Beides hat zahlreiche Vor- und Nachteile, die nach technischen Eigenschaften, geschmacklichen Vorlieben und nach der Kostenfrage abzuwägen sind. Für alle Systeme gilt, dass vor allem bei größeren Anlagen eine statische Planung durchgeführt werden sollte. Grundsätzlich ist zu empfehlen, die Ausführung der tragenden Konstruktion einer Fachfirma zu überlassen.

Metallkonstruktionen

Eisen

Ein Gerüst aus Eisen kann filigran ausgeführt werden und somit architektonisch in den Hintergrund treten. Damit können auch am besten nostalgisch-historische Vorbilder nachgebaut werden. Vorgefertigte Elemente dafür gibt es bei in- und ausländischen Anbietern. Wintergärten mit Eisengerüsten sind sehr kostspielig, der Zusammenbau ist kompliziert und aufwändig.

Aluminum

Trägerelemente aus Aluminium vereinen viele Vorteile. Sie sind wesentlich leichter, können ohne den Einsatz von Spezialwerkzeugen vielfältig bearbeitet und geformt werden. Sie sind vergleichsweise preisgünstig und werden in ihrer einfachsten Form zumeist auch für Gewächshäuser verwendet. Vorgefertigte Alu-Profile sind bereits so ausgelegt, dass sie sich sowohl für eine Eindeckung mit Kunststoffplatten wie auch mit schweren Isolierglasscheiben eignen. Aluminium rostet und oxidiert nicht und kann unbehandelt verwendet oder in jeder gewünschten Farbe beschichtet werden. Oft werden auch klassische gusseiserne Elemente aus Aluminium nachgebaut. Sie sind den Originalen täuschend ähnlich, besitzen aber die beschriebenen Vorteile.

Holzkonstruktionen

Holz hat einen eigenen architektonischen Charakter, es erweckt einen naturnahen Gesamteindruck. Bei Verwendung von Holzelementen tritt

Bei Verwendung von Holz tritt der architektonische Akzent der tragenden Konstruktion in den Vordergrund.

der architektonische Akzent der tragenden Konstruktion wesentlich in den Vordergrund. Das Rohmaterial sollte sorgfältig ausgewählt werden, denn nicht alle Holzarten sind geeignet. Das Holz muss gut „abgelegen“ und natürlich getrocknet sein, um spätere Verwindungen, Ausdehnungen oder Kontraktionen zu vermeiden. Kostspielig, aber sicher ist hier die Verwendung von so genannten Leimbindern – das sind schichtverleimte Balken, die weitgehende Stabilität gewährleisten.

Sehr wichtig ist die optimale Oberflächenbehandlung des Holzes, denn die Konstruktion ist meist großen Temperaturschwankungen und Feuchtigkeit ausgeliefert. Die Imprägnierung sollte die typische Maserung und damit den Holzcharakter nicht verdecken. Holzvarianten sind teurer als Konstruktionen aus Aluminium.

Die Verglasung: Glas oder Kunststoff?

Auch die Abwägung der geeigneten Einglasung ist von grundlegenden Wünschen und Ansprüchen abhängig:

- Art der Nutzung
- Klimatische Ausrichtung
- Kosten der verschiedenen Lösungen
- Optische Aspekte: Will man vom Wintergarten aus einen ungehinderten, durchgängigen Blick in den Garten haben? Dann bleibt aber auch das Innenleben der Außenwelt nicht verborgen.
- Bautechnische und evtl. vorhandene behördliche Auflagen
- Schon aus Sicherheitsgründen ist zwischen den senkrechten Seitenflächen und der Deckenverglasung zu unterscheiden. Die eigene Logik und die Bauvorschriften geben hier die Richtlinien vor. Ein Schaden an einer Seitenwand ist z. B. keine Katastrophe, während eine brechende und splitternde Deckenplatte ein großes Sicherheitsrisiko darstellt. Auch eventuellem Hagelschlag und einer Flächenbelastung durch Schnee ist Rechnung zu tragen.

Glas

Normalglas

Jede Verwendung von Einfachverglasung gewährt nur bedingte Klimatisierung und eignet sich nur für unbewohnte Gewächshäuser, wo winterlicher Frost und sommerliche Überhitzung eine untergeordnete Rolle spielen.

Die einfachste Lösung ist Normalglas. Hier ist das klarsichtige **Blankglas** zu erwähnen, das es ab einer Stärke von 3 mm gibt. Es eignet sich höchstens für eine Seitenwandverglasung ohne Anspruch auf Isolierwirkung und kann für die Abdeckung keinesfalls verwendet werden (Bruch- und Splittergefahr).

Weiterbehandelte Gläser, wie **Kristallspiegelglas** oder die nicht klarsichtigen **genörpelten Gläser**, bieten etwas mehr, aber keine ausreichende Sicherheit. **Drahtglas** mit einem integrierten, punktverschweißten Drahtnetz, das eine Splitterung verhindert, ist dafür besser geeignet.

Isolierverglasungen ermöglichen im bewohnten Wintergarten ein behagliches Klima und eine ungehinderte Klarsicht.

Isolierverglasung

Für den Wintergarten mit zumindest teilweiser Wohnnutzung empfiehlt sich der Einsatz von Isolierverglasungen. Diese bestehen aus zwei oder sogar drei Scheiben mit dazwischenliegenden Lufträumen. Je nach Qualität und technischer Ausführung ergibt sich hier ein klimatisierender Effekt zu allen Jahreszeiten. Ein weiterer Vorteil ist dabei die ungehinderte Klarsicht. Bei Standardausführungen wird allerdings der Sicherheit kaum Rechnung getragen, da auch hier dem splitternden Glasbruch wenig vorgebeugt ist.

Technisch verfeinert, aber teurer sind Produkte aus dem Bereich der Dachflächenfenster: Für die Eindeckung des Wintergartens kommt nur **Verbund-Sicherheitsglas** in Frage, das die isolierenden Vorteile mit weitgehender Einschränkung der Bruch- und Verletzungsgefahr vereint.

Für die Eindeckung des Wintergartens wird Verbund-Sicherheitsglas verwendet.

Sonnenschutzscheiben

Abgesehen von sehr kostspieligen Spezialglasprodukten ist die Durchlässigkeit des Sonnenlichts durch Glas überraschend eingeschränkt. Nur etwa 60 bis 80 % des Lichtanteils werden im Vergleich zum Freiland erzielt. Spezielle Sonnenschutzscheiben haben entweder eine absorbierende oder reflektierende Wirkung.

Kunststoff

Ein bedeutender Vorteil von Kunststoffplatten ist, dass sie auch gebogen verarbeitet werden können, was kreativen Gestaltungsformen von Wintergärten zugute kommt. Bei allen Kunststoffplatten ist zu berücksichtigen, dass sehr unterschiedliche Temperatureinflüsse eine Ausdehnung oder Kontraktion des Materials bewirken. Somit ist es wichtig, diesen Aspekt bereits beim Verlegen und Verbinden mit der Trägerkonstruktion einzukalkulieren. Materialien wie **Acrylglas** oder **Plexiglas** bilden die Basis für eine große Variantenvielfalt in Ausführung und Qualität.

> **TIPP**
>
> *Für die regelmäßige Reinigung der Scheiben, egal ob Glas oder Kunststoff, verwendet man einen weichen Schwamm und – wenn möglich – „weiches" Wasser, bei stärkerer Verschmutzung auch ein Fensterputzmittel. Auf keinen Fall sollte trocken gewischt oder gar ein Scheuermittel verwendet werden. Eine Beschädigung der Oberfläche wäre die Folge und in den Kratzspuren würde sich wieder Schmutz sammeln. Vor allem bei Kunststoffscheiben wäre damit bald die Klarsicht beeinträchtigt.*

Flache Acrylplatten

besitzen eine glatte, porenlose Oberfläche und geben daher der Verschmutzung wenig Chance, die Witterungsbeständigkeit ist durch ständige Weiterentwicklung heute sehr gut geworden. Ausgezeichnet ist auch die Lichtdurchlässigkeit, die der von Glas um nichts nachsteht. Das Eigengewicht ist in der statischen Berechnung unbedeutend. So stellt sich nur die Frage der Belastbarkeit durch Schnee- und Winddruck. Plattenstärken gibt es von 3 mm aufwärts. Neben den Platten mit glatter Oberfläche gibt es auch strukturierte und oberflächenbehandelte Ausführungen.

Doppel- und Dreifachstegplatten

Sofern auf Klarsicht verzichtet wird, bieten isolierende Platten (Doppel- und Dreifachstegplatten) eine kostengünstige Alternative mit einer Heizkostenersparnis von 40 bis 60 %. Für Wintergärten werden Ausführungen in Stärken von 16 mm aufwärts verwendet. Bei der Verarbeitung ist eine sorgfältige Abdichtung der Luftkammern sehr wichtig, da sonst die Isolierwirkung verloren geht. Die meist mitgelieferten Abdichtungsprofile sollten exakt passen, ansonsten kommt es in den Hohlräumen zur Bildung von Kondenswasser.

TIPP

Doppel- und Dreifachstegplatten sollten immer senkrecht oder vertikal abfallend verlegt werden, um allfälligem Kondenswasser das Abfließen zu ermöglichen.

Die Schattierung

Auch zu viel Sonnenlicht kann schädlich sein. Sommerliche Temperatur-Spitzenwerte, kombiniert mit einem Maximum an Sonneneinstrahlung, sorgen dafür, dass sich der Wintergarten trotz ausgeklügelter Belüftung extrem aufheizt. Von einer Wohnnutzung kann dann nicht mehr gesprochen werden und die Pflanzen werden Schaden nehmen. Auch in der Übergangszeit und sogar

TIPP

Empfindliche, sonnenscheue Pflanzen können im Wintergarten zu ihrem Schutz im Kronenschatten anderer, widerstandsfähiger Arten platziert werden. Aber auch von außen können Pflanzen als natürliche Schattenspender die direkte Sonneneinstrahlung in den Wintergarten reduzieren. Nahe dem Wintergarten gepflanzte, im Winter Laub abwerfende Bäume oder Sträucher halten im Sommer einen Teil des Lichtes ab und lassen im Winter die benötigten Sonnenstrahlen durch.

Innenschattierungen müssen für einen Sonnen- und Überhitzungsschutz mit Belüftung und evtl. einem Ventilator kombiniert werden.

in den Wintermonaten kann eine Schönwetterphase mit wolkenlosem Himmel große Probleme bereiten. Dann gerät das Temperaturmanagement aus dem Gleichgewicht. Sensible Pflanzen, die sich gerade in Winterruhe befinden, werden gestört und können mit Verunstaltungen oder sogar Absterben reagieren.

Innenschattierungen werden in vielfältiger Form angeboten, erfüllen ihren Zweck aber nur teilweise, denn sie verhindern die Abstrahlung zu hoher Temperaturen im Wintergarten. Bei kalten Außentemperaturen kann man sich diesen Effekt zu Nutze machen und die während des Tages angesammelte Raumwärme durch Innenschattierung über Nacht erhalten.

Wer mit Innenschattierungen einen Sonnen- und Überhitzungsschutz sucht, kann dies nur im gleichzeitigen Zusammenwirken mit einer ausführlichen Belüftung – eventuell sogar in Verbindung mit einem Ventilator – erzielen.

Für Wohnbereiche kann ein einfacher Sonnenschirm über dem Sitz- oder Liegeplatz vorübergehenden Schutz

Tipp

Verschieden belichtete Bereiche lassen sich von Anfang an einplanen, wenn etwa ein Teil der Eindeckung des Wintergartens anstatt durch Glas mit einem kompakten Material ausgeführt wird.

So kann man dauerhaft vollsonnige, halbschattige und vollschattige Zonen gestalten und auf Lichtansprüche von Mensch und Pflanze eingehen.

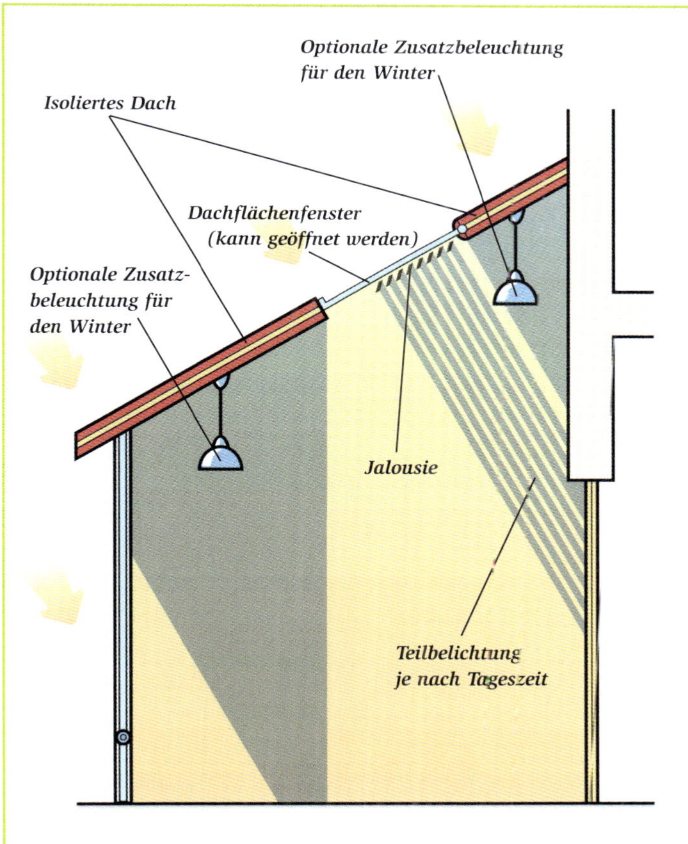

Die Belichtung bei einem isolierten Dach

bieten. Nichts spricht gegen dekorative Jalousien oder schöne Rollos an den senkrechten Fensterflächen. Sie können den wohnlichen Charakter wesentlich unterstreichen, ohne mit den pflanzlichen Bedürfnissen in Widerspruch zu stehen.

Die Beheizung

Für ein gutes Gedeihen der Pflanzen müssen die Temperaturwerte den Kategorien des kalten, temperierten und warmen Wintergartens entsprechen. Dafür maßgebend sind die erreichten Nachtstunden-Durchschnittstemperaturen im Winter. Um hier ausgleichend eingreifen zu können, benötigt man eine Beheizung, die gesondert reguliert werden kann.

Klimatische Trennung

Beim kalten und temperierten Wintergarten muss der Wintergarten durch eine Tür vom Wohnbereich abtrennbar sein. Beim warmen Wintergarten erweist sich eine offene Verbindung zum Wohnbereich eher als Vorteil. Dafür nahe liegend ist der Anschluss an das im Haus bestehende Heizsystem (Zentralheizung), die einzelnen Heizkörper sollten aber individuell regelbar sein.

Eine vom Wohnbereich völlig unabhängige Klimatisierung ist natürlich auch möglich, aber kostenintensiv. Die Wärmeabgabe erfolgt über einfache bzw. mehrfache Verrohrung im Sockelbereich oder niedrige Radiatoren. Mit Strom betriebene Heizmatten können in bestimmten Zonen zum Einsatz kommen.

Von einer flächendeckenden Fußbodenheizung ist abzuraten, da diese gleichmäßige Wärmestrahlung vielen Pflanzen auf Dauer nicht zuträglich ist.

Mehr oder weniger Technik

Jede Beheizung des Wintergartens muss im Zusammenwirken mit allen übrigen technischen Einrichtungen, wie Belüftung, Luftbefeuchtung, Beleuchtung etc., erfolgen, da sonst ihr Wirkungsgrad eingeschränkt oder verloren wird. Von Anfang an sind bauliche Vorkehrungen zu treffen, um unkontrolliertem Wärmeverlust vorzubeugen (z. B. Kältebrücken über die tragende Konstruktion). In vielen Fällen genügt eine Mindestausstattung an Heiztechnik, manchmal sogar die Nutzung der Wärme des übrigen Wohnbereiches. Dann muss man nur für extreme Witterungssituationen im Winter Vorkehrungen treffen, dafür eignen sich am besten flexible, transportable Heizgeräte.

TIPP

Angebaute Wintergärten können als ***Solararchitektur*** *in der Heizkostenersparnis eine große Rolle spielen. Die im Glasanbau eingefangene Sonnenenergie erwärmt die Luft, die dann über eine Reihe technischer Einrichtungen im Haus verteilt wird. Wenn diese Funktion allerdings optimal erfüllt werden soll, geht das deutlich auf Kosten der Wintergartennutzung als begrünter Wohnraum.*

Die Belüftung

Dem Faktor Frischluft ist nicht nur im Sommer, sondern auch in der kalten Jahreszeit bei allen Varianten des Wintergartens Rechnung zu tragen.

In normalen Wohnräumen muss regelmäßig gelüftet werden, um die besonders im Winter aufgeheizte, trockene Luft auszutauschen, die für

Menschen, Haustiere und auch viele Zimmerpflanzen schädlich ist.

Im Wintergarten finden wir oft eine umgekehrte Situation. Durch Bewässerung, Verdunstung und eventuell sogar künstliche Luftbefeuchtung entsteht ein ungesundes, stickiges Klima. Pflanzen fühlen sich dabei nicht wohl. Wachstum und Widerstandsfähigkeit werden eingeschränkt, Schädlinge, Pilzerkrankungen und Bakterien breiten sich rasch aus. Eine Luftumwälzung schafft hier Abhilfe.

Fenster oder Ventilatoren

Jeder Wintergarten muss zumindest ein oder mehrere einfach zu öffnende Fenster besitzen. Ihre Anzahl und Anordnung ergibt sich aus der Größe und Bauweise des Wintergartens. Vorteilhaft sind automatische Fensteröffner.

Aufwändiger ist die Zwangsentlüftung über einen Abluftventilator, der hoch in den Giebel- oder Seitenwänden positioniert wird. Der Ersatz der mechanisch abgesaugten Luft erfolgt über Lüftungsklappen im unteren Bereich oder über einen Belüftungsventilator. Die Ansteuerung der Ventilatoren kann automatisch mittels Thermostaten und Feuchtigkeitssensoren erfolgen.

Ausreichende Belüftung ist für ein gutes Wintergartenklima sehr wichtig.

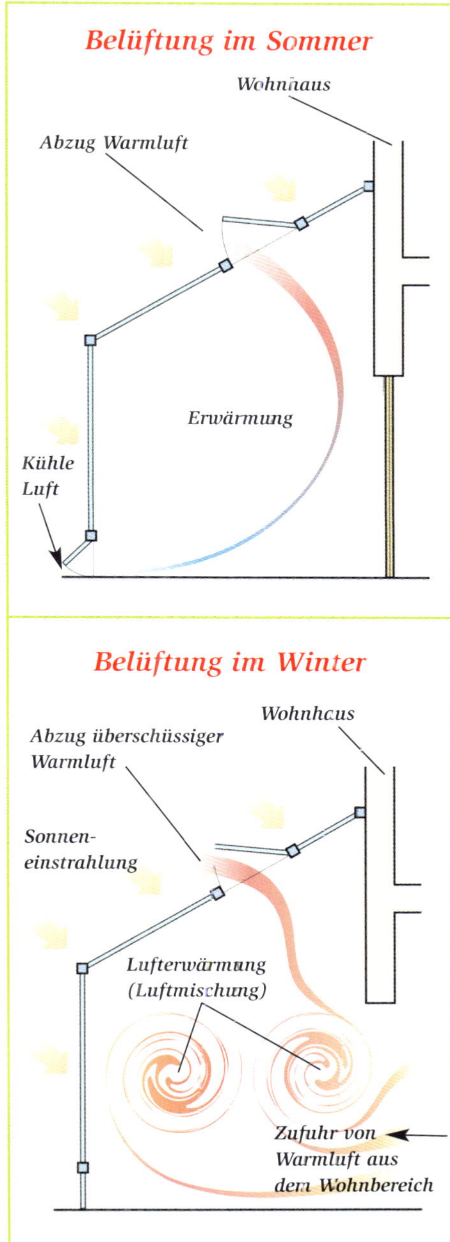

Alle Be- und Entlüftungsvorgänge können durch mechanische Ventilation unterstützt werden.

Die Beleuchtung

Ein Wintergarten mit klar verglaster Eindeckung kann eventuell auch ohne Zusatzbeleuchtung auskommen, wenn die kultivierten Pflanzen im Winter ihre Ruhephase haben. Dann kommt ihnen das reduzierte Lichtangebot entgegen, sofern auch die Temperatur abgesenkt ist und winterliche Wachstumsschübe auszuschließen sind.

Bei der Auswahl der Lampen ist zwischen dekorativen Lichtquellen für den unmittelbaren Wohnbereich und einer Ausleuchtung der Pflanzen zu unterscheiden. Übersteigt die Luftfeuchtigkeit 75 % relative Feuchte nicht, können normale Beleuchtungskörper mit den üblichen Leuchtmitteln verwendet werden.

> **Tipp**
>
> *Über ihre Attraktivität lässt sich streiten, doch zweckmäßig und preiswert sind einfache Leuchtstoffröhren oder Sparlampen. Sie haben meistens ein für das Wachstum gut geeignetes Lichtspektrum mit einem hohen Rot-Blau-Farbanteil. Im Vergleich dazu haben Halogenleuchten wenig Wert für das Pflanzenwachstum. Sie eignen sich dafür aber besonders gut zur Punktbeleuchtung von Pflanzengruppen.*

Die Messeinheit für Beleuchtungsstärke nennt man „Lux“. Ungetrübter Sonnenschein erreicht etwa 30.000 bis 55.000 Lux. Bedeckter Himmel beschert uns im Freien nur noch 2.000 bis 15.000 Lux. Wenn man bedenkt, dass die Einglasung Licht absorbiert, beträgt die tatsächliche Ausbeute im Wintergarten nur 50 bis 85 % des Außenlichts.

Von der Pflanzenauswahl abhängig

Im Vergleich dazu der Mindestlichtbedarf verschiedener Pflanzengruppen: Kakteen und helligkeitsbedürftige Kübelpflanzen brauchen 3.500 bis 6.000 Lux, Zimmerpflanzen sollten zumindest mit 2.000 bis 4.000 Lux bedient werden. Nur Pflanzen in der Ruhephase und Tropenpflanzen aus dem Unterholz des Regenwaldes geben sich mit weniger zufrieden.

> **Tipp**
>
> *Für die Ausleuchtung von Sitzgruppen oder die punktuelle Anstrahlung von Pflanzen sollte man die Dimmer-Schalter verwenden. Durch eine frei regulierbare Lichtstärke kann stimmungsvolle Beleuchtung geschaffen werden.*

Auch die Dauer der benötigten Lichteinwirkung ist artspezifisch und wird durch die Herkunft der Pflanzen und die Gegebenheiten am Naturstandort vorgegeben. Wenn ein Wintergarten eher Gewächshausfunktion hat, ist Zusatzbeleuchtung verpflichtend.

Spezielle Pflanzenlampen

Es gibt eine große Auswahl von speziellen Lichtquellen als Röhren oder Strahler, die eigens für Pflanzen entwickelt wurden. Sie sind teurer und haben einen erhöhten Stromverbrauch.

Kostspielige Quecksilberdampf-Hochdrucklampen sind optimal auf den botanischen Bedarf ausgerichtet und rechtfertigen den hohen Anschaffungspreis mit ihrer sehr langen Lebensdauer.

Die Be- und Entwässerung

Vom Garten, von der Terrasse oder vom Balkon kennen wir eine Reihe von voll- oder halbautomatischen Bewässerungssystemen, die uns die Betreuung der Pflanzen während der Sommermonate oft merklich erleichtern.
In Innenräumen ist dieser Komfort kostspielig und mit einigen Risken verbunden, aber trotzdem erwägenswert. Bei vereinzelten Topfpflanzen stellt sich die berechtigte Frage, ob der Zweck den Aufwand rechtfertigt. Die Steuerung, etwa bei unterschiedlicher Topfgröße und variablem Bewässerungsbedarf, ist kompliziert. Wirklich empfehlenswert ist der Einsatz von automatisierten Anlagen in Wintergärten deshalb nur bei großflächigen Gruppenpflanzungen. Voraussetzung dafür ist die Kenntnis des Gießbedarfs der Pflanzen. Kombinierte Pflanzengruppen sollten möglichst identische Ansprüche haben, denn Großpflanzen und Bodendecker müssen dann

TIPP

Bei Topfpflanzen ist und bleibt die Verwendung der Gießkanne mit etwas gärtnerischem Fingerspitzengefühl am sichersten. Bei großflächigeren Anlagen ist eine Bewässerung per Wasserschlauch mit geeigneter Brause und handlichem Regelventil möglich. Dafür sollte von Anfang an ein Schlauchanschluss im Wintergarten vorgesehen werden.

Auch bei größeren Pflanzengruppen ist eine Bewässerung mit dem Wasserschlauch möglich, ein Schlauchanschluss sollte von Anfang an vorgesehen werden.

mit demselben Feuchtigkeitsangebot zurechtkommen. Vollautomatische Systeme werden über Feuchtigkeits- und Temperatursensoren gesteuert.

Überschüssiges Wasser entsorgen

Staunässe ist der größte Feind jeder Zierpflanzenkultur. In dauerfeuchter Erde bilden sich schädliche Bakterien und auch für den Menschen gefährliche Schimmelpilze. Bei Verwendung von Übertöpfen ist Vorsicht geboten. Regelmäßige Kontrollen auf abgestandenes Wasser am Topfboden oder im Untersatz helfen, Schäden zu vermeiden. Relativ problemlos sind im Wintergarten dagegen Flächenpflanzungen im Mutterboden, wenn das Substrat durchlässig ist. Sicherheitshalber sollte bereits von Beginn an unter dem Wurzelbereich eine Drainageschicht, z. B. aus Rollschotter, eingeplant werden. Bei der Anlage von bepflanzten Becken ist nicht nur eine Drainageschicht, sondern auch ein zuverlässiger Abfluss zur Entsorgung des überschüssigen Gießwassers nötig. Wer auf Nummer sicher gehen möchte, ergänzt den Abfluss mit einer Absaugvorrichtung.

Tipp

Ein Arbeitsplatz im Gewächshaus muss auch unkompliziert zu reinigen sein. Dazu ist der Boden so anzulegen, dass überschüssiges Gieß- und Reinigungswasser über einen im Boden eingelassenen Abfluss direkt in den Hauskanal oder in eine fachmännisch angelegte Sickergrube entsorgt werden kann. Vorsicht bei der Entsorgung von Problemstoffen und Giften!

Die Qualität des Gießwassers

Zweifellos ist hartes Leitungswasser nicht ideal. Leitungen verkalken, Sprühdüsen werden verlegt und die meisten Pflanzen leiden unter dem zu hohen pH-Wert. Oft wird als Alternative die Verwendung von selbst gesammeltem Regenwasser empfohlen. Das wird aber vor allem im Umfeld der Großstadt oft problematisch dargestellt, da der Niederschlag durch diverse Abgase übersäuert sein kann und zusätzlich schädliche Ablagerungen vom Dach via Dachrinne in die Regentonne gelangen.

Tipp

Folgende Werte der relativen Luftfeuchtigkeit bedeuten ein „Wohlfühlklima" für Menschen und Pflanzen: in Wohnräumen 40 bis 65 %, in Gewächshäusern – je nach Pflanzenarten – 65 bis 85 %, im durchschnittlichen Wintergarten 60 bis 75 %.

In Wirklichkeit ist beides halb so schlimm, die Wahrheit liegt wohl in der Mitte. Eine etwas kostspielige Lösung: technisch (keinesfalls chemisch) aufbereitetes Leitungswasser. Wer einen Brunnen im Garten besitzt, kann dieses Wasser problemlos zum Gießen verwenden, nachdem die chemische Zusammensetzung von einem Fachinstitut positiv geprüft wurde.

Die Luftbefeuchtung

Das richtige Maß an relativer Luftfeuchtigkeit ist nicht nur im Glashaus, sondern im ganzen Wohnbereich von großer Bedeutung. Jedes Zuviel oder Zuwenig beeinträchtigt das Wohlbefinden

Tipp

Bei einfach verglasten Gewächshäusern tritt im Winter bei hoher Luftfeuchtigkeit oft Kondenswasserbildung an den Scheiben, Außenwänden und am Boden auf. Dieses Problem kann man durch regelmäßige Belüftung und eine Erhöhung der Temperatur lösen, denn wärmere Luft kann wesentlich mehr Feuchtigkeit aufnehmen. In doppelt verglasten Wintergärten bildet sich kaum Kondenswasser.

Kondenswasserbildung bei einfach verglasten Gewächshäusern kann durch regelmäßige Belüftung und eine Erhöhung der Temperatur vermieden werden.

von Menschen und Pflanzen. Im Wohnbereich sorgt trockene Heizungsluft oft für extrem niedrige, ungesunde Werte.
Für eine zufrieden stellende Lösung gibt es ausgereifte Techniken. Ohne großen Aufwand kann man automatisch geregelte, elektrische Luftbefeuchter einsetzen. Durch Zentrifugalverschleierung wird ein feiner Wasserstaub erzeugt, der nicht netzt, damit Möbel und Teppiche schont, und sofort in reine Luftfeuchtigkeit übergeht. Besonders feuchtigkeitsbedürftige Pflanzen zusätzlich per Sprühflasche händisch benetzen.

Die technischen Zusatzeinrichtungen

Im wohnlich genutzten Wintergarten dienen technische Zusatzeinrichtungen vorwiegend dem Komfort. So kann zur Steuerung und Kontrolle von Heizung, Belüftung, Schattierung, Bewässerung, Luftbefeuchtung und Beleuchtung ein eigenes Computerprogramm erstellt werden, das dann über den PC zuverlässig abgewickelt wird. Eine maßgeschneiderte Automatisierung ist nicht nur eine Arbeitserleichterung. Sie ermöglicht auch eine weitgehende Selbsterhaltung, sodass man auch getrost auf Urlaub fahren kann, ohne jemand für die Betreuung suchen zu müssen.

Die entsprechenden Installationen und Verkabelungen sollten unbedingt bereits bei der Errichtung des Wintergartens durchgeführt werden.

Errichtung durch eine Firma

Was muss Schritt für Schritt beachtet werden?

Organisation ist auch bei der Entstehung eines Wintergartens alles. Letztendlich ist der Bauherr selbst dafür verantwortlich, alles Wichtige schriftlich festzuhalten und diese Unterlagen gut aufzuheben: Kostenvoranschläge, Produktbeschreibungen und Betriebsanleitungen, Verträge, laufende Aufzeichnungen während des Baues und das Endabnahmeprotokoll.

Behördliche Abklärungen

Selbst auf dem eigenen Grundstück kann ein Bauherr nicht nach Belieben schalten und walten: Für alle Anbauten oder sonstigen baulichen Veränderungen sind behördliche Genehmigungen erforderlich.

Wenn die Instanzen auch nicht immer selbsttätig einschreiten, so müssen sie im Fall von späteren Anzeigen – zum Beispiel durch Nachbarn – aktiv werden. Es kann passieren, dass das Fehlen einer Baugenehmigung den Abriss eines augenscheinlich ordentlich ausgeführten Neubaus nach sich zieht.

> **TIPP**
>
> *Besprechen Sie die geplante Errichtung eines Wintergartens zuallererst mit den Grundstücksnachbarn, die direkt oder indirekt betroffen sind. Das gilt besonders für Fälle, wo es technisch nicht möglich ist, die vorgeschriebenen Abstandsflächen einzuhalten. Eine Vereinbarung muss schriftlich abgefasst und – von beiden Seiten (Bauwerber und Nachbar) unterschrieben – dem behördlichen Bauakt beigefügt werden. Nur so kann man späteren Streitigkeiten vorbeugen.*

... für ein Gewächshaus

Nur wer sich ein einfaches Gewächshaus (ohne Fundament) im Garten aufstellt oder ein so genanntes Anlehnhaus an einer Außenmauer des bestehenden Wohnhauses errichtet und nicht vorhat, den Raum wohnlich zu nutzen, erspart sich die Behördenwege, sofern sich nicht ein Nachbar durch diese simplen Bauten stark beeinträchtigt fühlt.

Wenn dasselbe Gewächshaus aber über einen Durchbruch mit dem Hauptgebäude verbunden ist, wird schon eine Baugenehmigung erforderlich.

... für einen Wintergarten

Viel strenger sind die Voraussetzungen beim Wintergarten, zumal er fast immer wohnlich genutzt werden soll. Vorweg wird schon einmal die Frage der Dimension und der genauen Lage des Bauvorhabens zum Prüfstein. Bereits aus dem maßstabgetreuen Plan müssen etwa die Abstandsflächen zur Straße oder zu den Nachbargrundstücken klar hervorgehen. Dafür gibt es Mindestwerte. Die weiteren behördlichen Genehmigungen erstrecken sich dabei nicht nur auf die rein baulichen Fragen, sondern wirken auch auf die steuerliche Bemessung und folglich den Versicherungsschutz der künftigen Wohnnutzungserweiterung.

Baugenehmigung selbst einreichen

Für die Art der Konstruktion und die verwendeten Materialien gibt es bindende Vorschriften. Die Ausführung von Wärme- und Schallschutzmaßnahmen finden ebenso Berücksichtigung wie eine Reihe von Mindesterfordernissen der Sicherheit. Gerade bei Wintergärten trifft das zum Beispiel auf die Ausführung der Dachverglasung (Gefahr: Glasbruch) zu.

Man kann kaum erwarten, dass ein durchschnittlicher Bauherr alle Details der behördlichen Erfordernisse kennt. Die Bauämter der Gemeindeverwaltungen stehen beratend zur Verfügung. Für ein erstes Informationsgespräch sollte man eine

Tipp

Die Bauordnung und die örtlichen Bebauungspläne können regional sehr unterschiedlich sein. Als erste Anlaufstelle für Detailinfos gilt das Bauamt der zuständigen Gemeinde. Aber auch Architekten und befugte Antragsteller, wie Baumeister oder Fachfirmen, müssen Bescheid wissen und tragen die Verantwortung für die ordnungsgemäße und rechtlich abgesicherte Abwicklung.

Lageskizze des künftigen Wintergartens mit möglichst genauen Maßangaben mitbringen, ebenso Details über die geplante Bauausführung (Konstruktionsweise, Materialien etc.). In der Folge erhält man dann die notwendigen vorgedruckten Formulare bzw. eine Aufstellung weiterer Unterlagen für die Einreichung.

Einreichung durch die ausführende Firma

Wird der Wintergarten von einer Fachfirma errichtet, kennt man dort nicht nur die Gesetzeslage, sondern auch die für die Einreichung notwendigen technischen Details. Manche Firmen bieten begleitend die gesamte behördliche Abwicklung an.

Am besten ist es, wenn die Errichterfirma als verantwortlicher Generalunternehmer fungiert. Die behördliche Einreichung kann formell in jedem Fall nur durch eine konzessionierte Firma oder eine befugte Person (Baumeister, Fachfirma) erfolgen.

Die Einbeziehung eines Architekten ist ebenfalls möglich. Dieser würde im Idealfall den Bauherrn vorweg über alle Möglichkeiten und die Grenzen des Machbaren beraten sowie bereits „behördensichere" Planungsvarianten

Für die Baugenehmigung gibt es zur Konstruktion und zu den verwendbaren Materialien bindende Vorschriften.

vorlegen und erörtern. Nach Einigung über Projektdetails sucht dann der Architekt die Errichterfirma aus, die das beste Angebot unterbreitet. Natürlich gehört auch die laufende Bauüberwachung bis zur korrekten Endabrechnung zu seinen Aufgaben.

Die Firmensuche

Sobald der Wunsch nach einem Wintergarten erste Formen annimmt, beginnt das Sammeln von Informationen. Vielleicht gibt es sogar im Bekanntenkreis eindrucksvolle Ausführungen, die als erste Anhaltspunkte fungieren. Andere finden in Fachzeitschriften oder in der Literatur ansprechende Beschreibungen von Wintergärten.

Der nächste logische Schritt ist das Aufsuchen einer, vorzugsweise mehrerer Fachfirmen. Nun folgt das Sammeln von Informationen. Jede seriöse Firma hat anschauliches und ausführliches Informationsmaterial. Oft gibt es am Standort der Firma Musterhäuser oder es kann auf eigens errichtete Messemodelle verwiesen werden.

Referenzbauten bei Kunden können auch eine hilfreiche Informationsquelle sein, zumal man, weitgehend objektiviert, Vor- und Nachteile diskutieren kann.

Vom Wunschsystem zum passenden Anbieter

Aus den gesammelten Informationen entstehen erste Präferenzen. Die Vorstellungen werden konkret und die technische und finanzielle Machbarkeit wird abgeklärt. Nach Erstellung einer Liste

Praxistipps zur Firmensuche

- *Legen Sie einen eigenen „Bauakt“ an! Es ist vorteilhaft, alle Erkenntnisse sorgfältig aufzuzeichnen, um sie als Entscheidungshilfen heranzuziehen. Zum Beispiel ist es günstig, bei strittigen Fragen einen Katalog über Vor- und Nachteile verschiedener Systeme zur Verfügung zu haben.*
- *Treffen Sie möglichst keine einsamen Entscheidungen. Die wesentlichsten Grundzüge zur späteren Nutzung und Ausgestaltung sollten mit Familienmitgliedern und Mitbewohnern diskutiert werden.*
- *Nehmen Sie zur Besichtigung von Musteranlagen die Familie mit. Jedes praktische Beispiel besitzt auch für Laien mehr Aussagekraft als abstrakte Erörterungen.*
- *Erkunden Sie von jeder in Frage kommenden Firma Referenzanlagen, die besichtigt werden können. Zwischen theoretischen Schilderungen und der tatsächlichen Ausführung können oft Welten liegen. Erfragen Sie bei den Referenzkunden wenn möglich auch, ob die gesamte Abwicklung zufrieden stellend und komplikationsfrei war.*
- *Klären Sie mit allen Anbotslegern deren Kompetenz bezüglich der behördlichen Abwicklung. Um sich wirklich abzusichern, kann man sich eine entsprechende Zusicherung auch schriftlich geben lassen.*
- *Wenn Unternehmen keine Komplettlösung bieten, erfragen Sie Näheres über deren Kooperationspartner. Klären Sie vorweg die diesbezügliche Verantwortung.*

der in Frage kommenden Anbieter können konkretere Verhandlungen beginnen. Die meisten Firmen haben eine Systempräferenz: Sie sind zum Beispiel auf Aluminium- oder Kunststoffmaterialien als Traggerüst spezialisiert oder führen ausschließlich Holzkonstruktionen aus. Zusätzlich ist auch die Frage von Glas- oder Kunststoffeindeckung zu klären. Dadurch wird der Kreis der möglichen Anbieter enger und systemrelevante Kosten tragen zur Vorentscheidung bei. Preisunterschiede sollten jetzt nur noch im Detail liegen. Der ausgewählte Kreis der Hersteller kann nun zur Anbotslegung eingeladen werden. Zugleich sollte die Entscheidung fallen, ob man eine Firma als Generalunternehmer für eine Komplettlösung beauftragen oder für unterschiedliche Leistungen verschiedene, spezialisierte Hersteller heranziehen möchte. Grundsätzlich sollte sich das erste Angebot nicht auf Details der Inneneinrichtung, sondern vorwiegend auf baulich-konstruktive Leistungen beziehen. Für die dann zeitlich abgesetzte Innenausstattung sollten weitere Offerte eingeholt werden.

Sehen Sie sich vor der Beauftragung einer Firma Referenzanlagen an und erkundigen Sie sich bei den Bewohnern, ob die Abwicklung zufrieden stellend und komplikationsfrei war.

Vergleich von Angeboten und Auftragsvergabe

Projekte öffentlicher Auftraggeber unterliegen strengen Ausschreibungs- und Vergaberichtlinien. Private Bauherren haben es da etwas leichter, wobei einige Grundregeln, die zumeist dem Schutz des Kunden dienen, beachtet werden sollten. Entscheiden Sie die Auftragsvergabe nicht ausschließlich nach dem Bestpreisprinzip.

Entscheidungshilfen zum Vergleich von Angeboten

- Die Kostenvoranschläge müssen in jedem Fall schriftlich abgefasst sein. Selbst spätere, mündliche Zusagen sind nur dann bindend, wenn sie auch in Schriftform vorliegen. Trotzdem kann und soll auch nach dem Einlangen der Angebote nachverhandelt werden. Oft ist es überraschend, welche preislichen und qualitativen Alternativlösungen dabei gefunden werden.

TIPP

Ermitteln Sie, ob die angebotenen Preise auch realistisch sind. Beachten Sie, dass nicht unbedingt das billigste Angebot auch das beste ist, da es eklatante Qualitätsunterschiede in Material oder Ausführung geben kann.

Die übliche Abrechnung erfolgt in drei Raten: 1/3 bei Auftragserteilung, 1/3 bei Arbeitsbeginn und 1/3 bei der Abnahme durch den Bauherrn.

- Sollten Drittfirmen als Zulieferer einbezogen sein, ist auch deren Detailvoranschlag auf qualitative Sicherheit und Preiswürdigkeit zu prüfen. Die Verantwortung und Gewährleistung bezüglich Dritter muss aus dem schriftlichen Anbot klar hervorgehen.

- Wenn alle inhaltlichen Fragen geklärt sind, müssen noch der Baubeginn, der Zeitrahmen für Lieferung und Errichtung und nicht zuletzt die Zahlungsmodalitäten abgehandelt werden.

Die Abrechnung
Für private Bauherren sind Pönalezahlungen nur in seltenen Fällen möglich. Auf grobe Terminüberschreitungen oder andere Unzuverlässigkeiten kann man aber mit einer angemessenen Verzögerung der Endabrechnung reagieren.

Die übliche Abrechnung erfolgt in drei Raten: erstes Drittel bei Auftragserteilung, zweites Drittel bei Arbeitsbeginn und letztes Drittel bei der Abnahme durch den Bauherrn (= Bauübergabe). Da dieser Modus variieren kann und die Beauftragung mehrerer Zulieferer oft eine alternative Regelung erfordert, sollte auch dieses Thema Gegenstand der schriftlichen Vereinbarung sein.

Von nicht unerheblicher Bedeutung ist auch die Preisbindung. Der im Angebot genannte Preis darf (gesetzlich begründet) höchstens in einem Spielraum von plus bzw. minus 10 % über- bzw. unterschritten werden. Darüber hinausgehende Änderungen im Inhalt oder im Preis bedürfen der Zustimmung von Auftraggeber und Auftragnehmer – natürlich in schriftlicher Form.

Die Auftragserteilung
Üblicherweise ist es nicht notwendig, einen eigenen Vertrag aufzusetzen. Seitens des Bauherrn ist ein kurzes Auftragsschreiben zur Bestätigung des schriftlichen Angebots ausreichend. Das Angebot erhält dadurch Rechtsstatus.

TIPP

Bauherren, die in Rechts- und Haftungsfragen nicht einschlägig erfahren sind, können, vor allem dann, wenn es beim Wintergarten um eine sehr große Investition geht, eine Überprüfung der Anbotslegung und der Beauftragung durch einen Rechtsanwalt vornehmen lassen. Die örtliche Rechtsanwaltskammer bzw. die Rechtsabteilungen der Innungen, der Gewerblichen Wirtschaft, der Konsumentenschutzorganisationen oder der Arbeiterkammern geben Auskunft.

Richtlinie sind die Bestimmungen des Bürgerlichen Gesetzbuches.

Baubegleitung und Bauüberwachung

Sobald die Bauaufsichtsbehörde zum Ansuchen grünes Licht erteilt hat und Einigkeit mit dem(n) Auftragnehmer(n) besteht, können die Arbeiten beginnen.

Am einfachsten ist die Lage, wenn nach einvernehmlicher Abklärung aller Detailfragen ein Generalunternehmer aktiv wird oder ein Architekt für die weitere Koordination verantwortlich zeichnet.
In beiden Fällen kann der Bauherr theoretisch geruhsam den Abschluss der Arbeiten abwarten, um dann den Wintergarten schlüsselfertig zu übernehmen. In der Praxis ist regelmäßige Information über den Baufortschritt aber sehr empfehlenswert. Oft führen kleine Details zu Unklarheiten, die bei guter Kommunikation rechtzeitig behoben werden können.

Kontrolle bringt wichtige Informationen …
Oft ist es auch ein Vorteil, wenn der Bauherr von Anfang an Hinweise zur

TIPP

Führen Sie ein „Bautagebuch“ oder halten Sie den Bauleiter bzw. Architekten dazu an. In diese Dokumentation sollte eingetragen werden, was wann und von wem geleistet wurde und wie lange wie viel Mann daran gearbeitet haben. Das macht später auch die Endabrechnung transparent.

späteren Instandhaltung bekommt. Dabei ist es z. B. wichtig, genau zu wissen, wo verschiedene, äußerlich nicht sichtbare Installationen verlaufen. Die Handhabung der technischen Einrichtungen, wie Lüftung, Beheizung, Beleuchtung etc., kann bei dieser Gelegenheit vom anwesenden Fachmann kompetent erklärt werden. Wenn Fehler rechtzeitig erkannt und sofort behoben werden, verursachen sie keine späteren Umbau- oder Instandsetzungskosten.

Manchmal entstehen bei einer Baustellenbegehung auch noch gute Ideen für Planänderungen, die dann, beidseitige Zustimmung vorausgesetzt und schriftlich dokumentiert, als „Patentlösung“ realisiert werden.

… und Sicherheit

Es ist also das gute Recht des Bauherrn, alle Arbeiten streng zu kontrollieren, nicht zuletzt um lästige, späte Reklamationen zu vermeiden. Etwas komplizierter ist die Situation, wenn von einem Auftraggeber mehrere voneinander unabhängige Firmen betraut worden sind. In diesem Fall trägt der Bauherr die schwierige Aufgabe der Koordination aller Arbeiten. Vorteil ist, dass er in diesem Fall selbst den Baufortschritt bestimmen kann. Es gibt immer auch die Möglichkeit, selbst einen Teil der Arbeiten durchzuführen. Dazu ist eine gute Abstimmung mit allen anderen Professionisten nötig. Tritt allerdings ein Fehler im Überschneidungsbereich der eigenen und der Fremdtätigkeit auf, wird die Frage der Gewährleistung problematisch.

TIPP

Ziehen Sie zur Endabnahme ein weiteres Familienmitglied bei, das Sie künftig auch bei der Instandhaltung des Wintergartens unterstützen wird. Vier Augen sehen mehr als zwei.

Endabnahme und Gewährleistung

Im Optimalfall wird der Wintergarten termingerecht fertig. Auf der Basis der soeben beschriebenen begleitenden Bauüberwachung sollte es kaum Überraschungen und voraussichtlich keine Probleme geben.

Endabnahmeprotokoll anlegen

Etwas mehr Vorsicht ist geboten, wenn man die Errichtung des Wintergartens ohne regelmäßige Kontrollen einem Generalunternehmer überlassen hat. Richtlinie für die Endabnahme ist das Angebot und die eventuell zusätzlichen schriftlichen Übereinkünfte. Jetzt kann man die Liste mit dem Bauleiter Punkt für Punkt durchgehen. Diese Begutachtung muss sorgfältig erfolgen. Es empfiehlt sich, ein Endabnahmeprotokoll anzulegen.

Etwaige Mängel sind sofort schriftlich festzuhalten und eine Behebung ist kurzfristig zu vereinbaren. Sofern keine Fehler registriert werden, ist es wichtig, sich, wenn auch zum wiederholten Mal, alle Funktionen vorführen und erklären zu lassen. Das bezieht sich vor allem auf alle halb- und vollautomatischen Steuerungen. Auf jeden Fall sollte man auch alle Türen, Fenster und Lüftungsklappen auf präzises Öffnen und Schließen prüfen. Wenn etwa ein Fenster klemmt, bedeutet das unter Umständen, dass das ganze Traggerüst verzogen ist.

Gewährleistung schriftlich festhalten

Bei mehreren Ausführenden ist die Verteilung der Verantwortung genau festzuhalten. Jeder Zulieferer muss eine schriftliche Garantieerklärung abgeben. Ein Generalunternehmer ist dem Kunden gegenüber in allen Belangen verantwortlich. Wie er sich selbst bei auftretenden Fehlern gegenüber seinen Zulieferern schadlos hält, ist nicht Sache des Bauherrn.

Laufzeiten und genauer Umfang von Gewährleistungen sind branchenspezifisch und regional unterschiedlich. Die üblichen Bedingungen erfährt man bei der Branchenvertretung oder beim Konsumentenschutz.

Nach erfolgreicher Endabnahme müssen alle noch ausständigen Rechnungen beglichen werden.

Der Ablauf Schritt für Schritt

1) Behördliche Abklärungen
2) Firmensuche
3) Vergleich von Angeboten
4) Auftragsvergabe
5) Baubegleitung und Bauüberwachung
6) Endabnahme und Gewährleistung

In einem Endabnahmeprotokoll werden Mängel schriftlich festgehalten und es wird eine kurzfristige Behebung vereinbart.

Ausgewählte Pflanzen für den Wintergarten

Von der Akazie bis zur Zamie

Sobald alle technischen Voraussetzungen erfolgreich geschaffen sind, kann man sich dem erfreulichen Bereich der Bepflanzung zuwenden. Jetzt kann der Wintergarten durch Auswahl und Arrangement der Pflanzen ganz persönlich gestaltet werden.

In diesem Kapitel finden Sie die gängigsten Pflanzenarten für unbeheizte, temperierte und warme Wintergärten.

Pflanzen für den unbeheizten Wintergarten

Frostverträgliche Pflanzen – bis zu etwa –7 °C

Im so genannten Kalthaus können für kurze Perioden Fröste auftreten, die von vielen Arten gut vertragen werden. Die Installation eines einfachen „Frostwächters“ bannt diese Gefahr, was einem weiten Spektrum von Pflanzen zugute kommt. Neben den in der Folge genannten „Exoten“ können natürlich auch viele einheimische Kleingehölze und Blumen im ungeheizten Wintergarten kultiviert werden.

Akazie

Botanischer Name: Acacia
Familie: Mimosengewächse (Mimosaceae)

Akazien stammen aus Australien, Afrika, selten aus Mittelamerika. Von den 700 bis 1200 Arten gibt es einige, die in Mitteleuropa auch im Freiland überleben. Sie eignen sich daher sehr gut für ungeheizte Wintergärten.

Akazien (im Bild: Acacia floribunda) bilden ein lichtes Kronendach.

Pflanzenbeschreibung

Schnellwüchsige Großsträucher oder kleine Bäume, die eine lichte Krone bilden. Viele haben fein gefiedertes Laub, das ganz oder teilweise im Winter abgeworfen wird. Die Blüten stehen in Trauben von gelben Kugelblüten, die meist mit dem Neuaustrieb im Frühjahr erscheinen. Akazien sind im Wintergarten gut geeignet, für kleine und mittelgroße Pflanzen ein lichtes Kronendach zur sommerlichen Beschattung zu bilden.

Ansprüche und Pflege

Die hier behandelten Arten wollen im Winter nicht zu warm stehen. Sie vertragen kurzfristige Fröste bis zu –5 °C, ohne Schaden zu nehmen. Zu allen Jahreszeiten lieben sie viel Licht. Als Substrat eignet sich ein gut durchlässiges Torf-Sand-Gemisch. Der Düngebedarf ist gering; die Pflanzen sind kalk- und phosphorflüchtig. Im Sommer ist der Gießbedarf sehr hoch, während der Wurzelballen auch im Winter nie ganz austrocknen sollte. Regelmäßiger Rückschnitt zähmt den Wuchs und man kann eine schirmförmige Krone formen. Akazien sollten, so sie im Topf gepflanzt sind, in den Sommermonaten (Mai bis September) an einen sonnigen Standort ins Freie übersiedeln. Echte Akazien sollten nicht mit der bei uns längst heimischen Robinie *(Robinia pseudoacacia)*, die im Volksmund ebenfalls „Akazie“ heißt, verwechselt werden.

Empfehlenswerte Arten

Acacia baileyana, A. dealbata, A. floribunda, A. spectabilis

Schmucklilie

Botanischer Name: Agapanthus
Familie: Lauchgewächse (Alliaceae)

Die Schmucklilie stammt aus Südafrika und zählt mit neun Arten, blau und weiß blühend, zu den bei uns traditionsreichsten Wintergartenpflanzen.

PFLANZENBESCHREIBUNG
Der *Agapanthus* ist eine Rosetten bildende Staude mit schmalriemenförmigen Blättern. Die Blütendolde steht auf einem bis zu 1 m langen Schaft, ist kugelig und setzt sich aus zahlreichen blauen oder weißen Einzelblüten zusammen. Blühzeit ist das späte Frühjahr. Die Blätter ziehen im Spätherbst ein, um im zeitigen Frühjahr wieder neu auszutreiben.

ANSPRÜCHE UND PFLEGE
An Temperaturen werden keine großen Ansprüche gestellt, solange die winterlichen Mindestwerte das Topfsubstrat nicht komplett durchfrieren lassen. Als beste Erdmischung eignet sich mit Sand vermischtes Lehmsubstrat, eventuell mit einer Zugabe von wenig Kompost. Der Gießbedarf im Sommer ist eher groß. In der Ruhezeit ist das Substrat nur vor totaler Austrocknung zu bewahren. In der Wachstumsperiode kann moderat gedüngt werden, wobei die Nährstoffzufuhr ab Spätsommer einzustellen ist.

EMPFEHLENSWERTE ARTEN
Agapanthus africanus und *A. campanulatus*

Agave

Botanischer Name: Agave
Familie: Agavengewächse (Agavaceae)

Agaven sind relativ anspruchslose, sehr robuste Wintergartenpflanzen. Von den etwa 300 Arten – sie stammen aus den südlichen USA, Mexiko und dem nördlichen Südamerika – sind etwa fünf bis sieben ziemlich gut frostverträglich.

PFLANZENBESCHREIBUNG
Agaven bilden dicklaubige (sukkulente) Blattrosetten, die bei den meisten Arten mit spektakulären Stacheln bewehrt sind. Die superlativen, bis vier Meter hohen Blütenstände werden erst nach vielen Jahren – und daher kaum im Wintergarten –

Die Blüten der Afrikanischen Schmucklilie (Agapanthus africanus)

Agaven sind robuste, anspruchslose Wintergartenpflanzen.

ausgebildet. Nach dem Blühen stirbt die Pflanze ab, bildet aber zuvor eine große Anzahl von „Kindeln", die wieder vereinzelt werden können.

> **TIPP**
>
> *Die Stacheln an den fleischigen Blättern können leicht Verletzungen verursachen. Das sollte man beim Bepflanzungsplan beachten und ausladende Exemplare so platzieren, dass sie Menschen, vor allem Kinder, nicht beeinträchtigen können.*

ANSPRÜCHE UND PFLEGE
Voraussetzung für die Frostverträglichkeit ist, dass sie im Winter bei niederen Temperaturen so gut wie völlig trocken und bei minimaler Luftfeuchtigkeit gehalten werden. Winterliche Durchschnittstemperaturen über +8 °C werden schlecht vertragen. Als Substrat wird Kakteenerde bevorzugt.

EMPFEHLENSWERTE ARTEN
Agave americana, A. attaneata, A. ferox, A. sisalana, A. texana

Seidenakazie

Botanischer Name: Albizia
Familie: Mimosengewächse (Mimosaceae)

Albizien (etwa 150 Arten) stammen aus Asien und Australien. Eine Art, *Albizia julibrissin*, gilt auch in Mitteleuropa als winterhart und kann demnach ins Freiland ausgesetzt werden. Die meisten anderen Spezies vertragen nur wenig Frost, eignen sich dafür aber gut für Wintergärten.

PFLANZENBESCHREIBUNG
Sie sind kleine bis mittelgroße Bäume mit fein gefiedertem Laub, wie es für Mimosen und Akazien typisch ist. Die Blättchen werden im Winter völlig oder großteils abgeworfen. Die Krone wächst schirmförmig und gibt im Sommer lichten Schatten. Die Blüten sind rosafarben, sehr attraktiv und ähneln kleinen Flaschenbürsten.

ANSPRÜCHE UND PFLEGE
Ein gut durchlässiges Torf-Sand-Gemisch mit etwas Komposterde eignet sich am besten. Sonstige Ansprüche sind denen der Akazien sehr ähnlich.

EMPFEHLENSWERTE ARTEN
Albizia lophanta (bis –5 °C); am frostverträglichsten ist *A. julibrissin*.

Die frostverträglichste Art hat die schönsten Blüten: Albizia julibrissin.

Geleepalme

Botanischer Name: Butia
Familie: Palmen (Arecaceae)

Ihre Herkunft ist Chile. *Butia capitata* ist die bekannteste der acht Arten dieser Gattung. Der Name rührt von den Früchten her, die in ihrer Heimat zu Gelee verarbeitet werden.

Pflanzenbeschreibung

Die Palme hat sattgrüne, sehr steife Fiederblätter, die in elegantem Bogen wachsen. Sie ist sehr frostverträglich, dafür aber auch extrem langsam wachsend.

Ansprüche und Pflege

Wie *Brahea* braucht auch *Butia* einen sehr sonnigen Standort und einen sandigen, durchlässigen Boden mit erhöhtem Kalkanteil. Im Sommer benötigt sie viel, im Winter reduzierte Bewässerung.

Die Geleepalme (Butia capitata) wächst sehr langsam.

Zylinderputzer, Lampenputzer

Botanischer Name: Callistemon
Familie: Myrtengewächse (Myrtaceae)

Der Zylinderputzer stammt aus Australien. Von den 30 Arten sind einige sehr kälteverträglich. Man sagt sogar, dass sie nur dann im Spätwinter, Frühjahr oder Sommer schön blühen, wenn sie im Winter kräftige Minusgrade erlebt haben.

Pflanzenbeschreibung

Sie sind mittelgroße Sträucher oder kleine Bäume und es gibt rot, gelb, weiß und sogar leuchtend grün blühende Sorten. Bei guter Kultur sind zwei Blühphasen pro Jahr nicht unüblich. Laubwurf findet nicht statt.

Ansprüche und Pflege

Die Kulturbedingungen sind denen der Akazien sehr ähnlich: vollsonniger Standort, gut duchlässiges, sandiges, kalk- und phosphorarmes Substrat; im Sommer ausgiebige und im Winter eher moderate Bewässerung; spärliche Düngung

Empfehlenswerte Arten

Callistemon brachyandrus, C. citrinus, C. linearis, C. pinifolius, C. pungens und *C. rugulosus*

Callistemon citrinus 'Splendens' mit leuchtend roten Blütenständen

Kamelie

Botanischer Name: Camellia
Familie: Teestrauchgewächse (Theaceae)

Ihre Herkunft ist China, Japan und Korea. Sie sind beliebt und für den kalten Wintergarten bestens geeignet. Als Sträucher erreichen Kamelien eine Höhe von bis zu 6 m.

PFLANZENBESCHREIBUNG
Sie sind immergrün und im Spätwinter oder Frühjahr erscheinen die 7 bis 12 cm großen, einfachen oder gefüllten Blüten in den Farben Karminrot, Orangerot, Rosa oder Weiß.

ANSPRÜCHE UND PFLEGE
Das Pflanzsubstrat sollte kalkarm sein – am besten Moorbeeterde mit grobem Sand. Zum Gießen sollte nur behandeltes oder zumindest abgestandenes Wasser – eventuell Regenwasser – verwendet werden. Sofern im Wintergarten nicht ausgepflanzt, sollten die Kamelien im Sommer ins Freie übersiedeln. Dabei ist vor praller Sonne zu schützen. Der Frühsommer ist die beste Zeit für einen schonenden Rückschnitt (Formschnitt).

EMPFEHLENSWERTE ARTEN
Am schönsten sind diverse Hybriden der Art *Camellia japonica*.

Trompetenblume, Trompetenwinde

Botanischer Name: Campsis
Familie: Bignoniengewächse (Bignoniaceae)

Herkunft: USA und China. Trompetenblumen sind auch im Freiland sehr robuste und beliebte Kletterpflanzen. Im Wintergarten können sie nach kurzer Zeit eine ganze Wand bedecken. Sie klettern mit Haftwurzeln selbst an Mauern und Wänden empor. *Campsis radicans* klettert dabei bis zu 10 m hoch.

PFLANZENBESCHREIBUNG
Die Trompetenwinde ist bei guten Kulturbedingungen

Kamelien brauchen kalkarmes Substrat, am besten Moorbeeterde.

Trompetenblumen sind robuste Kletterpflanzen – auch für den Wintergarten.

sehr blühfreudig und blüht ab dem Frühsommer. Die bis zu 10 cm langen, in Büscheln zusammenstehenden Trompetenblüten werden am einjährigen Holz gebildet und sind je nach Sorte gelb, orange oder karminrot. Nach der Blüte erscheinen die Früchte in Form von länglichen Kapseln. Im Wintergarten wird in der kalten Jahreszeit nur ein Teil des Laubes abgeworfen.

Ansprüche und Pflege

Die Gattung ist nicht anspruchsvoll. Das Substrat besteht am besten aus einem Anteil von Lehmerde. Der Gießbedarf ist durchschnittlich, vor allem im Winter eher moderat. Eine Nährstoffzufuhr in der Wachstumsphase bis zur Blüte ist von Vorteil.

Empfehlenswerte Arten

Campsis grandiflora und *C. radicans*

> **Tipp**
>
> *Ein jährlicher Formschnitt im Winter ist dringend anzuraten. Dabei werden die langen, trockenen Triebe herausgeschnitten, damit die Pflanzen nur am jungen (einjährigen) Holz blühen.*

Zwergpalme

Botanischer Name: Chamaerops
Familie: Palmen (Arecaceae)

Herkunft: Mittelmeerraum und Nordafrika. Diese Zwergpalme – die einzige europäische Fächerpalme – eignet sich hervorragend für die Topfkultur oder die Auspflanzung im ungeheizten oder schwach geheizten Wintergarten.

Pflanzenbeschreibung

Die Zwergpalme wächst Ausläufer treibend (mehrstämmig) mit einer eher geringen Wachstumsrate. Nach vielen Jahren kann sie eine Höhe von bis zu 6 m erreichen. Die Blätter der Palme sind dunkelgrün oder blau überhaucht und die Blattstiele sind bewehrt (mit scharfen Stacheln versehen). Ältere Pflanzen blühen auch (gelb).

Ansprüche und Pflege

Moderate Fröste (bis –7 °C) werden gut überstanden, solange das Topfsubstrat nicht für längere Zeit durchfriert. Die Pflanze verlangt einen vollsonnigen Standort und sollte, sofern in Topfkultur, im Sommer ins Freie übersiedeln. An das Substrat werden keine außergewöhnlichen Ansprüche gestellt, solange es durchlässig ist. Am besten eignet sich ein Sand-Lehm-Gemisch mit einer geringen Beigabe von Kalk. Die sommerliche Bewässerung kann durchschnittlich sein. Im Winter ist der Gießbedarf eher gering.

Empfehlenswerte Arten

Chamaerops humilis und *C. humilis* var. *argentata* sowie eine Anzahl weiterer Varietäten

Die Zwergpalme eignet sich hervorragend für die Kultur im Wintergarten.

Zitruspflanzen

Botanischer Name: Citrus
Familie: Rautengewächse (Rutaceae)

Ursprüngliche Herkunft ist China bis Australien. Aus der Verwandtschaft der Zitruspflanzen gibt es sogar eine Art, die selbst in Mitteleuropa winterhart ist. Sie ist Laub abwerfend und blüht im Frühling. Ihre Früchte sind allerdings ungenießbar. Die kälteverträglicheren Arten der Gattung eignen sich für die Verwendung im ungeheizten Wintergarten. Alle anderen Arten können erfolgreich im temperierten Wintergarten kultiviert werden.

PFLANZENBESCHREIBUNG

Eher klein bleibende Bäumchen oder Sträucher mit glänzend dunkelgrünem Laub und duftenden Blüten

ANSPRÜCHE UND PFLEGE

Zitruspflanzen bevorzugen kalkarmes Substrat, da sonst rasch Chlorose auftritt. Aus eben diesem Grund ist prinzipiell eine regelmäßige Nährstoffversorgung, vor allem eine Eisendüngung, angebracht. Der Gießbedarf im Sommer ist hoch, ohne Staunässe entstehen zu lassen. Im Winter, wenn das Laub großteils abgeworfen ist, kann die Bewässerung wesentlich eingeschränkt werden. Rückschnitt empfiehlt sich im Winter.

EMPFEHLENSWERTE ARTEN

Angesichts der Vielfalt an Arten und Sorten sollte in speziellen Zitruspflanzen-Büchern oder in spezialisierten Gärtnereien Auskunft eingeholt werden.

Ein stellvertretendes Beispiel für eine große Vielfalt: die Calamondinorange (C. x Citrofortunella mitis)

Hakenlilie

Botanischer Name: Crinum
Familie: Amaryllisgewächse (Amaryllidaceae)

Diese große Zwiebelpflanze braucht viel Platz und sollte im Topf gepflanzt werden, da es ihr sehr gut tut, im Sommer ins Freie an einen halbschattigen Standort zu übersiedeln. Meist tropische Arten, nur wenige sind für kühle Kultur geeignet.

PFLANZENBESCHREIBUNG

Die Blätter sind sattgrün und riemenförmig. Die Blüten

Im Sommer tut der Hakenlilie (Crinum bulbispermum) ein halbschattiger Standort im Freien gut.

stehen in großen, auffälligen Büscheln.

Ansprüche und Pflege

Bei kühler Überwinterung ziehen die Blätter ein, um im Frühjahr neu auszutreiben. Die Hakenlilie bevozugt ein Gemisch aus Lehmerde und Sand. Beim Umtopfen sollte man darauf achten, dass etwa ein Drittel der Zwiebel nicht mit Erde bedeckt wird. Der Gießbedarf ist durchschnittlich, der Düngebedarf eher gering.

Empfehlenswerte Arten

Crinum bulbispermum und *C. moorei*

Fieberbaum, Eukalyptus

Botanischer Name: Eucalyptus
Familie: Myrtengewächse (Myrtaceae)

Diese immergrünen Bäume stammen aus den alpinen Bereichen Australiens. Von den etwa 750 Arten sind einige wenige auch in Mitteleuropa zumindest bedingt winterhart. Vor allem bunt blühende Arten vertragen, etabliert in einem ungeheizten Wintergarten, sogar erhebliche Fröste, der Wurzelballen darf aber nicht durchfrieren.

Blätter und Früchte von Eucalyptus globulus

Pflanzenbeschreibung

Die meisten Arten wachsen am Naturstandort zu riesigen Bäumen (bis 110 m!). Andere wieder bleiben eher klein, strauchförmig und bilden vieltriebige Gruppen. Charakteristisch ist die bläulich bis dunkelgrüne Belaubung, die auch im Winter nicht abgeworfen wird. In der Natur kommen erst große Bäume zur Blüte. Pflanzen aus der kommerziellen Nachzucht entwickeln manchmal schon relativ jung prächtige Blüten.

Ansprüche und Pflege

Bevorzugtes winterliches Temperaturspektrum im Wintergarten ist der Bereich von +3 bis 10 °C bei einem ganzjährig möglichst hellen, sonnigen Standort. Im Sommer sollten die Pflanzen, sofern in Topfkultur, unbedingt ins Freie übersiedeln.

Von großer Bedeutung ist regelmäßiger Rückschnitt, der ganzjährig erfolgen kann. Die Bewässerung spielt eine große Rolle: im Sommer reichlich bei gleichzeitiger Vermeidung von Staunässe; im Winter darf das Substrat nie ganz austrocknen. Als Substrat eignet sich ein sandbetontes Torfgemisch.

Düngebedarf ist bei diesen von sich aus schnellwüchsigen Pflanzen gering. Eine regelmäßige Zusatzversorgung mit Eisen und Magnesium ist aber anzuraten.

EMPFEHLENSWERTE ARTEN

Eucalyptus caesia, E. cinerea, E. cordata, E. ficifolia, E. globulus, E. kruseana, E. lansdownea, E. leucoxylon, E. pauciflora, E. perriniana, E. pulverulenta und *E. tetraptera*

Die Aralie (Fatsia japonica) kommt auch an halbschattigen Standorten gut zurecht.

Zimmeraralie

Botanischer Name: Fatsia
Familie: Araliengewächse (Araliaceae)

Mit überraschender Kälte- und sogar Frostverträglichkeit zeichnet sich die Zimmeraralie aus. Somit eignet sich diese schöne Blattpflanze sowohl für den unbeheizten wie temperierten Wintergarten. Ihre Herkunft ist Japan und Korea.

PFLANZENBESCHREIBUNG

Im Topf oder ausgepflanzt im Wintergarten wächst die Aralie zu einem dichten, mittelgroßen Strauch mit bis zu 40 cm großen, dunkelgrünen, handförmig gelappten Blättern, die nicht abgeworfen werden. An verzweigten Ähren entwickeln sich kleine, weiße Blütenbälle. Die Pflanze kann bis zu 6 m hoch werden.

ANSPRÜCHE UND PFLEGE

Vom Standort her kommt die Aralie auch mit einem geringeren Lichtangebot gut zurecht. Eine etwas reichhaltigere Erde – Torf mit Kompost und Sand – wird bevorzugt. Bewässerung und Düngung können durchschnittlich erfolgen.

EMPFEHLENSWERTE ARTEN UND SORTEN

Fatsia japonica und *F. japonica* 'Variegata' mit weiß gefleckten Blättern

Echter Feigenbaum

Botanischer Name: Ficus
Familie: Maulbeergewächse (Moraceae)

Der Feigenbaum vermittelt südländische Stimmung und liefert süße, essbare Früchte. An geschütztem Standort kann er in Mitteleuropa ins Freiland ausgesetzt werden. Viel wohler fühlt er sich jedoch im unbeheizten Wintergarten.

Im Sommer bevorzugt der Feigenbaum als Topfpflanze einen Standort im Freien.

Pflanzenbeschreibung
Als kleiner Baum oder großer Strauch kann der Echte Feigenbaum gut neun Meter hoch werden. Herausragendes Charakteristikum sind seine großen, handförmigen Blätter, die er allerdings in der Wintersaison komplett abwirft. Beliebt ist er wegen seiner Früchte, die bei genügend Sonne und Wärme im Sommer gut ausreifen.

Ansprüche und Pflege
Im Sommer ist volle Sonne unabdingbar. Bevorzugt wird von Mai bis Ende September ein Standort im Freien, sofern es sich um eine Topfpflanze handelt. Aber auch das Mikroklima des Wintergartens schadet ihm nicht, solange die Überwinterung nicht zu warm erfolgt. Als Substrat empfiehlt sich ein Lehm-Torf-Kompost-Sand-Gemisch ohne Phosphor und Kalk. In der Wachstumsphase ist reichliche Bewässerung wichtig. Ein zusätzlicher Düngebedarf ist bei guten Bodenverhältnissen kaum gegeben.

Empfehlenswerte Art
Ficus carica, von dem es viele unterschiedliche Kulturformen gibt

Kräuselmyrte

Botanischer Name: Lagerstroemia
Familie: Weiderichgewächse (Lythraceae)

Lagerstroemien tolerieren ein breites Temperaturspektrum. So gibt es Arten, die erhebliche Fröste gut vertragen, andere, die bei mehr als +15 °C überwintert werden wollen. Im ungeheizten Wintergarten ist mit winterlichem Laubabwurf zu rechnen. Das steht allerdings mit sommerlicher Blühfreude in keinem Widerspruch. Optimal, aber nicht unabdingbar ist ein sommerlicher Aufenthalt im Freien.

Pflanzenbeschreibung
Besonders schön kommt die Kräuselmyrte zur Geltung, wenn ihr ein Formschnitt als Hochstamm verpasst wurde. Die dichte Belaubung erscheint ab dem Frühjahr. Im Sommer folgt die überreiche Blüte in Rot oder Rosa.

Ansprüche und Pflege
Für eine gute Blütenausbildung ist im Sommer ein heißer, vollsonniger Standort am besten. Im Wintergarten kann bei guter Pflege, geschicktem Temperaturmanagement und etwaigem Zusatzlicht die Blühzeit bis weit in den Herbst hinein verlängert werden. Während Wachstum und Blüte besteht großer Gießbedarf, der dann im Winter einzuschränken ist, wobei der Wurzelballen nie ganz austrocknen sollte. Als Substrat empfiehlt sich die übliche Mischung für mediterrane Pflanzen inklusive eines Lehmanteils.

Empfehlenswerte Arten
Lagerstroemia indica, wobei die ebenso prächtige *L. speciosa* zumindest im temperierten, besser noch im warmen Wintergarten kultiviert werden sollte

Wunderschöne Blüten trägt die Kräuselmyrte (Lagerstroemia indica).

Teebaum

Botanischer Name: Leptospermum
Familie: Myrtengewächse (Myrtaceae)

Das berühmte Teebaumöl kommt von einer nahe verwandten Art *(Melaleuca alternifolia)*. Nichtsdestotrotz zählt *Leptospermum* zu den attraktivsten blühenden Wintergartenpflanzen aus Australien. Sie sind gut frostverträglich und blühen nach kalter Überwinterung besonders schön.

Leptospermum scoparium ist eine anspruchslose, aber sehr attraktive Pflanze für den Wintergarten.

Pflanzenbeschreibung

Die mittelgroßen, kompakten Sträucher tragen eine Vielzahl von kleinen Blättern, die sie auch im Winter nicht abwerfen. Im Frühjahr erscheinen dann viele 1 bis 3 cm große Blüten in Weiß, Apricot, Rosa bis Dunkelrot. Zuchtformen haben auch eine rötliche oder intensiv rote Belaubung.

Ansprüche und Pflege

Leptospermum gilt in jeder Hinsicht als anspruchslos. Als Einziges wird ganzjährig ein möglichst heller, sonniger Standort erwünscht. Beim Bewässern muss man nur auf die Vermeidung von Staunässe achten. Durch regelmäßigen Rückschnitt kann man gut die Wuchsform bestimmen.

Empfehlenswerte Arten

Leptospermum polygalifolium, L. laevigatum, L. lanigerum, L. rotundifolium, L. squarrosum und *L. scoparium*, von der es viele schöne Kulturformen gibt, die in England gezüchtet wurden

Klebsame

Botanischer Name: Pittosporum
Familie: Klebsamengewächse (Pittosporaceae)

Pittosporum kommt mit vielen Arten in einem sehr weiten Verbreitungsgebiet vor. Von Westafrika bis in den südpazifischen Raum sind die Hauptverbreitungsgebiete Australien, Neuseeland und Ostasien. Vor allem eine Art, *Pittosporum tobira*, zeichnet sich durch besondere Kälteverträglichkeit (bis –10 °C) aus und eignet sich daher bestens für ungeheizte Wintergärten.

Immergrün, mit attraktiven Blättern und Blüten – Pittosporum tobira

PFLANZENBESCHREIBUNG

Der Klebsame ist ein immergrüner Baum oder großer Strauch und gilt allgemein als ziemlich anspruchslos. Die Belaubung ist zumeist sehr dicht und durchwegs attraktiv. Die hier besprochene Art hat ledrige Blätter, die oberseits glänzend dunkelgrün und unterseits matt blassgrün sind. Die Blüten, die gebündelt auftreten, sind weiß. Ungeschnitten wird *Pittosporum* bis zu 6 m hoch.

ANSPRÜCHE UND PFLEGE

Der Klebsame stellt an das Substrat keine besonderen Ansprüche. Auch nachlässige Bewässerung nimmt er für einen längeren Zeitraum nicht übel. Als Standort sagt ihm volle Sonne genauso zu wie Halbschatten. Trotz aller Toleranz ist natürlich die Entwicklung von gut bewässerten, in der Wachstumsphase regelmäßig gedüngten und geschickt zurückgeschnittenen Exemplaren wesentlich besser. Ein Sommeraufenthalt im Freien wird dankbar angenommen, obwohl eine Auspflanzung im Wintergarten ebenso schöne Pflanzen hervorbringt.

EMPFEHLENSWERTE ART

Die für den ungeheizten Wintergarten zuverlässigste Art ist *Pittosporum tobira*.

Granatapfelbaum

Botanischer Name: Punica
Familie: Granatapfelgewächse (Punicaceae)

Der Granatapfelbaum, der ursprünglich aus Vorderasien stammen soll, hat eine bereits jahrtausendealte Geschichte. Er wurde zumeist wegen seiner schönen Wuchsform, der Attraktion der Blüten und nicht zuletzt wegen seiner Früchte kultiviert. Im Mittelmeerraum wächst er zu einem kleinen Baum heran. In Kultur erreicht er zumindest eine große Strauchform. Natürlich gibt es von dieser begehrten Pflanze heute unzählige Kulturformen.

PFLANZENBESCHREIBUNG

In Mitteleuropa, wo der Granatapfelbaum etwa zu den beliebtesten Kübelpflanzen zählt, findet man hauptsächlich Zwergformen, die sich durch schöne, gefüllte Blüten auszeichnen. Aber auch zuverlässig fruchtende Formen werden angeboten. Das Laub wird im Winter abgeworfen und treibt nach kalter Überwinterung im Frühjahr wieder durch.
Die Blüten sind orange bis scharlachrot, wobei es auch weiß blühende Züchtungen gibt.

ANSPRÜCHE UND PFLEGE

Ein vollsonniger Standort wird bevorzugt. Im Sommer ist eine Übersiedlung ins Freie empfehlenswert. Im Winter werden etliche Minusgrade gut vertragen, womit auch die Verwendung in ungeheizten Wintergärten gesichert wäre. An das Substrat werden keine besonderen Ansprüche gestellt. Reichliche Bewässerung und Düngung im Frühjahr und Sommer fördern die Blüten- und Fruchtbildung. Im Gegensatz dazu gilt der Winter als laublose Ruhezeit.

EMPFEHLENSWERTE ARTEN UND SORTEN

Punica granatum und die Zwergsorte *P. granatum* 'Nana'

Der Granatapfelbaum bevorzugt einen sonnigen Standort.

Hanfpalme

Botanischer Name: Trachycarpus, Familie: Palmen (Arecaceae, Palmae)

Die aus China stammende Hanfpalme wächst sehr langsam.

PFLANZENBESCHREIBUNG

Ähnlich der Zwergpalme *(Chamaerops)*, wird aber wesentlich größer und verzweigt nicht. Nach etwa fünf Jahren bildet sie einen Stamm aus, auf dem ein Schopf aus fächerartigen Blättern sitzt. Ältere Pflanzen blühen jährlich und bilden Früchte und keimfähige Samen.

ANSPRÜCHE UND PFLEGE

Vorlieben und Abneigungen entsprechen den Zwergpalmen. Fröste werden bis zu −17 °C gut vertragen und winterlicher Blattschaden wird in der darauf folgenden Saison ersetzt.

EMPFEHLENSWERTE ARTEN

Trachycarpus fortunei, T. martiana, T. wagneriana

Die Chinesische Hanfpalme (*Trachycarpus fortunei*) ist winterhart.

Palmlilie

Botanischer Name: Yucca Familie: Agavengewächse (Agavaceae)

Die meisten, aber nicht alle Arten dieser aus den USA und Mexiko stammenden Gattung sind frostverträglich. In großen Wintergärten kommen die schnellwüchsigen Pflanzen besonders gut zur Geltung.

PFLANZENBESCHREIBUNG

Es gibt rosettige Arten und Stamm bildende, die bis zu mehrere Meter hoch werden. Charakteristisch sind die dolchartigen, lanzettlichen Blätter mit scharfen Spitzen, die in dichten Rosetten zusammenstehen. Viele Yuccas wachsen mehrstämmig und können sich dadurch auch im Wintergarten flächig ausbreiten. Die Blüten sind spektakulär. Aus dem Blattschopf bildet sich ein bis zu 1,5 m hoher Stiel mit weißen Blütenglocken.

ANSPRÜCHE UND PFLEGE

Im Sommer empfiehlt sich ein vollsonniger, heißer Standort im Freien. Aber auch im Wintergarten gedeihen die Palmlilien selbst in leicht überhitzten Zonen. Sie müssen an ihrem Naturstandort immerhin ein Temperaturspektrum von −30 bis + 60 °C ertragen. Bei Hitze ist ausreichende Bewässerung wichtig. Düngeanspruch besteht kaum. Yuccas geben sich, je nach Art, im Winter mit den niedrigsten Temperaturen zufrieden. Bei warmer Überwinterung wachsen die Pflanzen weiter und bilden blasse, dünne Austriebe. Rückschnitt-Teile kann man problemlos neu bewurzeln, das verbliebene Stammstück bringt einen neuen Mehrfach-Austrieb hervor. Viele Yucca-Arten haben einen großen Platzbedarf.

EMPFEHLENSWERTE ARTEN

Yucca aloifolia, Y. filamentosa und *Yucca gloriosa* – alle für den ungeheizten Wintergarten

Palmlilien tragen zur Blütezeit prächtige weiße Blütenglocken.

Pflanzen für den temperierten Wintergarten

Subtropische Pflanzen – im Winter: nächtliche Tiefstwerte von +12 bis 16 °C

Der temperierte Wintergarten wird auch Lauwarmhaus genannt. Bei Sonneneinstrahlung kann die Tagestemperatur auch über 25 °C steigen. Um eine zu extreme Erwärmung oder sogar Überhitzung – etwa in der Übergangszeit – zu vermeiden, müssen Schattierung und Belüftung aktiviert werden.

Aloe

Botanischer Name: Aloe
Familie: Affodilgewächse (Asphodelaceae)

Ursprünglich stammen etwa 450 Arten vom afrikanischen Kontinent und arabischen Raum. Heute sind sie in nahezu allen Warmzonen der Erde, von Südamerika bis Indien, eingebürgert. Einige sind Rosettenpflanzen, andere entwickeln reich verzweigte Stämme und werden mehrere Meter hoch. Die meisten *Aloen* sind klimatisch sehr anpassungsfähig. Frost wird nicht vertragen.

Pflanzenbeschreibung
Die meisten sukkulenten Blattrosetten sind schon als solche überaus attraktiv. Dazu kommt ein bis zu mehrere Meter herausragender Blütenstand mit gelben, orangen oder roten Einzelblüten. Einige Berühmtheit erlangte die Art *Aloe vera*, deren Gewebsflüssigkeit sowohl in der Medizin wie auch in der Kosmetik Verwendung findet.

Ansprüche und Pflege
Im Sommer braucht die *Aloe* warme und sonnige Standorte. Im Winter sind bei Temperaturen unter +10 °C auch schattige Positionen ausreichend. Im temperierten Wintergarten am besten hell. Substrat sollte gut durchlässig sein: Lehm-Sand-Gemisch. Bewässerung: im Sommer durchschnittlich, im Winter fast gar nicht. Bei kühlen Temperaturen muss die Blattrosette trocken gehalten werden, da angesammelte Nässe Bakterien- und Pilzerkrankungen fördert.

Empfehlenswerte Arten
Aloe africana, A. arborecens, A. dichotoma, A. ferox, die Stämme von mehreren Metern ausbilden, und *A. vera* mit kurzem Stamm (ca. 30 cm)

Aloe vera wird in der Medizin und Kosmetik verwendet.

Gewürzrinde *(Cassia)* und Senna *(Senna)*

Familie: Johannesbrotgewächse (Caesalpiniaceae)

Kosmopolitisch in subtropischen und tropischen Zonen aller Erdteile außer Europa sind Vertreter dieser beiden immer wieder verwechselten Gattungen zu finden. Die Gattungen umfassen ca. 30 bzw. 300 Arten. Sie sind kleine Bäume oder Sträucher mit zumeist gelben bis rosaroten Blüten, die im Wintergarten übers Jahr erscheinen können.

Leuchtend gelbe Blütenstände der Kerzen-Senna (Senna didymobotrya)

Pflanzenbeschreibung
Kompakte Sträucher mit sattgrünen, paarig gefiederten Blättern. Wuchsform und Wuchshöhe sind je nach Art sehr unterschiedlich. Bei kühler Überwinterung kommt es zu einem teilweisen Blattabwurf.

Ansprüche und Pflege
Artbedingt sehr unterschiedlich. Generell brauchen Kassien im Sommer volle Sonne und viel Wärme und als Substrat ein Torf-Sand-Kompost-Gemisch mit guter Drainage. Überwinterung der meisten Arten: kühl und hell, ohne Laub auch dunkel; bei mehr als +10 °C erfolgt Winterblüte. Gieß- und Düngebedarf sind bei warmem Wetter außerordentlich groß. Bei Kälte nur den Wurzelballen nicht austrocknen lassen. Im Winter erfolgt der Rückschnitt.

Empfehlenswerte Arten
Für den temperierten Wintergarten: *Senna artemisioides, S. corymbosa, S. spectabilis;*
für den warmen Wintergarten: *Cassia brewsteri, C. fistula, C. grandis, C. javanica, C. tomentella, Senna alata, S. didymobotria* und *S. multiglandulosa;*
für den ungeheizten Wintergarten: *S. bebecarpa*

Engelstrompete

Botanischer Name: Brugmansia, Datura
Familie: Nachtschattengewächse (Solanaceae)

Eine der wohl beliebtesten Wintergarten- und Kübelpflanzengattungen, ihre Herkunft ist Südamerika. Die im Handel angebotenen Pflanzen sind jeweils Kulturformen. Robustheit und spektakuläres Erscheinungsbild – vor allem in der Blüte – sprechen für die Engelstrompeten, die allerdings in allen Pflanzenteilen giftig sind.

Engelstrompeten (Brugmansia sp.) sind robuste Pflanzen mit herrlichen Blüten.

Pflanzenbeschreibung
Sehr schnellwüchsiger, viel verzweigter Großstrauch mit großen, elliptisch-lanzettlichen Blättern in sattem Grün. Im späten Frühjahr und Frühsommer erscheinen die bis zu 30 cm langen Trompetenblüten in einem Farbspektrum von Reinweiß über Sattgelb, Apricot, Orange bis Hellrot. Manche Arten blühen auch im Winter.
Ansprüche und Pflege
Keine besonderen Ansprüche an das Substrat. Sommerlicher Standort: möglichst hell, aber vor heißer Mittagssonne geschützt, am besten halbschattig im Freien. Sofern im Wintergarten ausgepflanzt: Allzu exponierte Position vermeiden. Gießbedarf im Sommer: außerordentlich hoch – ohne Staunässe! Düngung in der Wachstumsphase. Überwinterung ist kühl – in Verbindung mit Rückschnitt – möglich. Im wärmeren Winterquartier (über + 10 °C) gibt es Winterblüte; keine Frostverträglichkeit
Empfehlenswerte Arten
Als relativ klein bleibender Ganzjahresblüher: *Brugmansia sanguinea*; großwüchsige Arten: *B. aurea, B.* x *candida, B.* x *flava, B. insignis* und *B. suaveolens*

Drachenbaum

Botanischer Name: Dracaena
Familie: Drachenbaumgewächse (Dracaenaceae)

Es gibt etwa 80 Arten von Bäumen mit bizarrem Wuchs, tropisch und subtropischer Herkunft bis in den indopazifischen Raum.
Pflanzenbeschreibung
Im Wuchs der Keulenlilie *(Cordyline)* sehr ähnlich, ist der Drachenbaum ebenfalls eine ideale Wintergartenpflanze.
Ansprüche und Pflege
Nahezu deckungsgleich mit der Keulenlilie *(Cordyline)*. Bei zu viel Nässe im Winter droht Wurzelfäule. Frost wird nicht vertragen.
Empfehlenswerte Arten
Dracaena arborea und *D. draco*

Dracaenen sind ideale Wintergartenpflanzen.

Grevillee, Silbereiche

Botanischer Name: Grevillea
Familie: Proteengewächse (Proteaceae)

Herkunft: Australien. Hauptattraktion sind die Blüten. Die meisten Arten sind im temperierten Wintergarten am besten untergebracht.
Pflanzenbeschreibung
Die *Grevilleen* wachsen vom Bodendecker bis zu meterhohen Bäumen. Statur, Blatt- und Blütenformen können sehr unterschiedlich sein. Eigenwillige Formen der Einzelblätter – von nadelig bis lappig und fingerförmig –

Eine klein bleibende Art für den Wintergarten ist Grevillea juniperina.

machen die *Grevillea*-Arten unverwechselbar. Ähnliches gilt für die Blüten, die nicht nur eigenwillig im Aussehen, sondern zugleich sehr farbfreudig sind (Gelb und Rot, viele Zwischentöne).

Ansprüche und Pflege

Für alle Arten gemeinsam: Sommer und Winter – sonniger, heller Standort. Bei Wärme reichlich bewässern, aber Staunässe unbedingt vermeiden. Auch im Winter nicht ganz austrocknen lassen. Überwinterung im Wintergarten bei +5 bis 15 °C – je nach Art. Substrat: Torf-Sand-Gemisch mit optimaler Durchlässigkeit; kalk- und phosphorfrei. In der Wachstumsperiode muss kräftig gedüngt werden.

Empfehlenswerte Arten

Klein bleibend: *Grevillea juniperina, G. rosmarinifolia, Grevillea* x *semperflorens;* Strauch- oder Baumformen: *G. banksii* und *G. robusta*

Prunkwinde

Botanischer Name: Ipomoea
Familie: Windengewächse (Convolvulaceae)

Die Gattung umfasst ca. 400 Arten von allen möglichen Wuchsformen; die meisten sind Kletterpflanzen. Neben einjährigen gibt es auch eine Mehrzahl an mehrjährigen Arten, die sich gut für den Wintergarten eignen. Herkunft: Tropen und Subtropen aller Kontinente

Ipomea indica ist ein schnellwüchsiger Schlinger für temperierte und warme Wintergärten.

Für den ungeheizten und temperierten Wintergarten können einjährige *Ipomea*-Arten verwendet werden, um etwa kurzfristig eine Wand zu begrünen. Die Pflanzen kann man einfach selbst aus Samen ziehen. Saatgut von mehrfarbigen Arten wird regelmäßig in fast jedem Gartencenter angeboten.

Pflanzenbeschreibung

Kräftige, schnellwüchsige Schlinger mit meist herz- bis handförmigem Laub und weißen bis violetten Trichterblüten

Ansprüche und Pflege

Als Substrat ein Torf-Sand-Kompost-Gemisch mit Kalkzusatz verwenden. Die Trichterwinde verträgt sowohl vollsonnige wie auch halbschattige Standorte und benötigt eine Kletterhilfe. Die Temperatur ist von der Herkunft der Art abhängig. Bewässerung: regelmäßig feucht halten, aber nie zu nass, da sonst Wurzelfäule auftritt. Ein regelmäßiger Rückschnitt ist erforderlich. Düngebedarf: Eher wenig düngen.

Empfehlenswerte Art:

Sowohl für temperierten wie warmen Wintergarten: *Ipomoea indica*

Oleander

Botanischer Name: Nerium
Familie: Hundsgiftgewächse (Apocynaceae)

Bei uns ist der Oleander eine der populärsten Kübelpflanzen und auch gut geeignet für den Wintergarten, obwohl er in allen Pflanzenteilen giftig ist.

Pflanzenbeschreibung

3 bis 7 m hoher, aufrechter Strauch; die Blätter stehen in Dreier-Quirlen und sind lanzettlich. Die Farbpalette der endständigen Blüten reicht von Reinweiß, Cremeweiß, Blassgelb über Apricot, Lachsfarben, Rosa bis zu Purpurrot. Manche Formen haben gefüllte Blüten. Im Winter erfolgt ein teilweiser Blattabwurf.

Ansprüche und Pflege

Sommer-Standort: warm und sonnig, wenn möglich im Freien. Der Überwinterungsstandort kann auch dunkel sein, sofern die Temperatur +5 °C nicht übersteigt und Laubwurf akzeptiert wird. Das Substrat sollte locker und durchlässig sein und neben Torf und Sand auch einen Anteil an Kalk enthalten (Dolomitsand beifügen). Der Gießbedarf ist im Sommer hoch, im Winter eher stark reduziert. Während Wachstum und Blüte ist eine regelmäßige Düngung erforderlich. Wichtig ist regelmäßiger Rückschnitt zur „Zähmung" im Wintergarten und zur Vermeidung des Verkahlens von innen bei Kübelpflanzen.

Empfehlenswerte Arten

Diverse Farb- und Kulturformen von *Nerium oleander*

Im Sommer tut dem Oleander – wenn möglich – ein Standort im Freien gut.

Passionsblume

Botanischer Name: Passiflora
Familie: Passiflorengewächse (Passifloraceae)

Passiflora ist eine Gattung von fast 500 Schlingerarten. Sie ist von Nord- und Südamerika über den pazifischen Raum bis Australien verbreitet. Sie sind gut geeignete Kletterpflanzen für – je nach Art – ungeheizte, temperierte oder auch warme Wintergärten mit faszinierenden Blüten. Diese Blüten sind nach Fremdbestäubung bei manchen Arten essbar.

Pflanzenbeschreibung

Mehrjährige Kletterpflanzen, die sich mittels Ranken festhalten. Die Blattformen sind von Art zu Art verschieden, zumeist jedoch handförmig gelappt und bis zu 15 cm lang. Junger Austrieb wächst sehr schnell und ältere Triebe verholzen. Eine echte Besonderheit sind die Blüten, die mit Worten schwer zu beschreiben sind. Gut gereifte Früchte sind sehr schmackhaft.

Die prächtigen Blüten von Passiflora edulis

Ansprüche und Pflege

Einige der Passionsblumen zählen zu den dankbarsten und problemlosesten Kletterpflanzen im Wintergarten. Pflanzsubstrat: Lehm-Torf-Gemisch, wobei großer Wurzelstock gebildet wird. Je sonniger der Standort im Wintergarten, desto reichlicher und farbkräftiger sind die Blüten. Optimaltemperatur für die meisten kultivierten Arten im Winter: +5 bis 10 °C

Empfehlenswerte Arten

P. antioquensis, *P. caerulea* (frosttolerant), *P. edulis* (bei ca. 12–18 °C überwintern), *P. mollissima* (im Sommer möglichst kühl aufstellen), *P. quadrangularis* (nicht unter 10 °C überwintern), *P. racemosa* (nicht unter 10 °C überwintern) und *P. vitifolia* (nicht unter 15 °C überwintern) sowie die Kultivare *P.* 'Amethyst', *P.* x *allardii*, *P.* x *decaisneana* (nicht unter 10 °C überwintern), *P.* x *violacea* und *P.* x *exoniensis*

Bleiwurz

Botanischer Name: Plumbago
Familie: Bleiwurzgewächse (Plumbaginaceae)

Herkunft: Subtropen der Welt. Krautige, rasch wachsende und blühfreudige Zierpflanze für den frostfreien Wintergarten. Kann strauchig oder an einer Kletterhilfe als Schlinger gezogen werden.

Pflanzenbeschreibung

Kompakter Habitus, durchgehend dicht belaubt mit stiellosen, bis zu 5 cm langen, hellgrünen Blättchen. Die Blüten der bekannten *P. auriculata* sind hellblau oder weiß und in dichten Rispen angeordnet. Die Art *Plumbago indica* besitzt größere Blätter und leuchtend scharlachrote Blüten. Wuchshöhe aller Arten: bis zu 3 m; keine Frostverträglichkeit!

Ansprüche und Pflege

Die Bleiwurz benötigt einen sonnigen Standort. Bei hohen Temperaturen herrscht großer Gießbedarf, Staunässe muss aber vermieden werden. Im Winter – bei teilweisem Laubwurf – ist das Gießen einzuschränken. Der Winter ist auch die beste Zeit für kräftigen Rückschnitt oder

Formschnitt. An das Substrat wird kein besonderer Anspruch gestellt, am besten verwendet man ein Gemisch aus Lehm, Sand und Torf.

EMPFEHLENSWERTE ARTEN UND SORTEN

Plumbago auriculata 'Caerulea' (hellblau), *P. auriculata* 'Alba' (weiß) und *P. indica* (scharlachrot)

Nachtschatten *(Solanum)* und Enzianbaum *(Lycianthes)*

Familie: Solanaceae (Nachtschattengewächse)

Zur Familie der Nachtschattengewächse zählen viele bekannte Nutz- und Zierpflanzen, wie Kartoffel, Tomate etc. Eine Fülle einfacher Blüten macht den dekorativen Wert des Nachtschattens *(Solanum)* aus. *Lycianthes* ist eine große, aber recht unbekannte Gattung. Nur eine Art ist in Kultur. Die Pflege im Wintergarten ist unkompliziert.

PFLANZENBESCHREIBUNG

Die bekannteste Zierpflanze ist der so genannte „Enzianbaum", *Lycianthes rantonnetii*,

Die Bleiwurz braucht einen sonnigen Standort (im Bild: Plumbago auriculata 'Caerulea').

Der bekannte Enzianbaum (Lycianthes rantonnetii)

mit tiefvioletten Blüten. Robuster, schnellwüchsiger und blühfreudiger kleiner Strauch, der durch Rückschnitt geformt wird. Blütefarben von *Solanum* sind Weiß, Rosa oder Violett. Manche Arten entwickeln dekorative Beerenfrüchte. Wuchshöhe: artabhängig bis 3 m, auch kletternd oder hängend

Ansprüche und Pflege
Pflegeleichte Wintergartenpflanzen: Im Sommer benötigen sie vollsonnige Standorte und reichliche Bewässerung. Im Winter kann teilweise das Laub abgeworfen werden – dann sollte auch wenig gegossen werden. Regelmäßiger Formschnitt ist unbedingt notwendig. Lange Austriebe werden dabei zurückgeschnitten, damit Form und Blütenfülle erhalten bleiben. Fröste werden nicht vertragen.

Empfehlenswerte Arten
Lycianthes rantonnetii (violett), *Solanum aviculare* (blau), *S. crispum* (blau), *S. jasminoides* (weiß bis violett, kletternd), *S. muricatum* (violett, hängend, essbare Früchte), *S. seaforthianum* (blau) und *S. wendlandii* (hellviolett)

Strelitzie, Paradiesvogelblume

Botanischer Name: Strelitzia
Familie: Paradiesvogelblumengewächse (Strelitziaceae)

Strelitzien stammen aus Südafrika, ihre Blüten werden in der Floristik verwendet, vom Blatt sind sie Bananengewächsen ähnlich. Eine Art ist eine beliebte Kübel- und Wintergartenpflanze: robust, pflegeleicht, kompakt und langsam wachsend.

Pflanzenbeschreibung
Horst bildende Pflanze mit „Bananenblättern", einige Arten auch Stamm bildend. Die Blüte ist spektakulär, orange- oder weißfarben. *Strelitzia reginae* wird 1,5 bis 2 m hoch, *Strelitzia alba* wächst vielstämmig und wird mehrere Meter hoch – ein Prachtstück für große Wintergärten.

Ansprüche und Pflege
Die Kultur ist relativ einfach; sonniger bis halbschattiger Standort, kräftige und gut drainierte Erde (Lehm, Torf, Sand, Kompost). Strelitzien können im Wintergarten ausgepflanzt oder als Kübelpflanze (mit sommerlichem Standort im Freien) verwendet werden. Sie vertragen keinen Frost! Die Überwinterung erfolgt kühl (+5 bis 12 °C). Der Gießbedarf ist im Sommer hoch, im Winter gering. Bei trockener Luft auf Befall von Spinnmilben achten!

Empfehlenswerte Arten
Strelitzia reginae (orange), *S. alba* (weiß blühend)

Die leuchtend bunten Blüten von Strelitzia reginae

Kapgeißblatt

Botanischer Name: Tecomaria
Familie: Bignoniengewächse (Bignoniaceae)

Herkunft: Südafrika. Das reich blühende Kap-Geißblatt eignet sich auch für die Topfkultur.

PFLANZENBESCHREIBUNG
Bis 3 m hoch wachsender Strauch mit hell- bis dunkelgrünen, grob gefiederten Blättern, Büschel von trompetenförmigen, leuchtend orangeroten Blüten

ANSPRÜCHE UND PFLEGE
Im Sommer benötigt *Tecomaria* einen sehr hellen Standort, im Winter kann sie bei niederen Temperaturen aber schattig stehen (Das Laub wird dann großteils abgeworfen.). Der Gieß- und Nährstoffbedarf im Sommer ist hoch, im Winter gering, der Wurzelballen sollte nie ganz austrocknen.

EMPFEHLENSWERTE ARTEN UND SORTEN
Tecomaria capensis (rot), *Sorten:* 'Lutea' (gelb), 'Salmonea' (lachsfarbig)

Tecomaria capensis

Zimmerkalla

Botanischer Name: Zantedeschia, Familie: Aronstabgewächse (Araceae)

Prächtige, krautige Blühpflanze mit Ursprung in Afrika. Kann im Wintergarten ausgepflanzt oder im Topf gehalten werden – im Sommer kommen die Pflanzen dann ins Freiland.

PFLANZENBESCHREIBUNG
Sehr anspruchslose Knollenpflanze mit dekorativem, grün oder grünweiß geflecktem Laub. Die pfeilartigen oder herzförmigen Blätter stehen an bis zu 90 cm langen Stielen. Spektakulär sind die großen Aronstabblumen in Weiß, Creme, Gelb, Rosa und Rot.

ANSPRÜCHE UND PFLEGE
Gute, kräftige Blumenerde wird bevorzugt. Der Standort sollte hell bis halbschattig sein. Starke, direkte Sonneneinstrahlung ist aber zu vermeiden. Beim Auspflanzen zunächst nur wenig gießen. Bei deutlichem Wachstum die Bewässerung und Düngung wesentlich erhöhen und bis zum Ende der Blüte reichlich gießen.

EMPFEHLENSWERTE ARTEN
Zantedeschia aethiopica (africana) (weiß), *Z. albomaculata* (creme), *Z. elliottiana* (gelb), *Z. rehmannii* (rosa bis purpurrot)

Die bekannten Blüten der Zimmerkalla (Zantedeschia aethiopica)

Pflanzen für den warmen Wintergarten

Wärmebedürftige Pflanzen – winterliche Nachttemperaturen von mehr als +18 °C

Dieser Wintergarten bietet die üblichen Wohnzimmertemperaturen und eignet sich für Pflanzen, die ganzjährig gleichmäßig warmes Klima benötigen. Dabei handelt es sich hauptsächlich um Exemplare aus den Tropen, von denen viele zu unseren beliebtesten Zimmerpflanzen zählen.

Goldtrompete

Botanischer Name: Allamanda
Familie: Hundsgiftgewächse (Apocynaceae)

Die Goldtrompete ist eine schnellwüchsige immergrüne Kletterpflanze aus Brasilien mit tropischen Umweltansprüchen. Sie gibt dem Wintergarten als Wandbegrünung exotisches Flair.

PFLANZENBESCHREIBUNG

Die Pflanze schlingt sich rasch auf 2 bis 3 m Höhe. Schon die dunkelgrüne Belaubung ist attraktiv, im Sommer und Herbst erscheinen zusätzlich die goldgelben Trompetenblüten (drei bis vier in einem Quirl, bis zu 7 cm lang).

ANSPRÜCHE UND PFLEGE

Die Goldtrompete braucht eine Kletterhilfe. Vor direkter Sonneneinstrahlung ist sie zu schützen. Bestes Substrat: Lehmerde und Kompost. Im Winter wird wenig gegossen. Im Frühjahr und Sommer ist der Gießbedarf sehr groß, wobei Staunässe zu vermeiden ist. In der Wachtumsphase: Durchschnittlich düngen. Ein evtl. Rückschnitt erfolgt nur, um die Wuchsform zu regulieren und nach Auskahlungen einen dichten Wuchs zu erreichen.

EMPFEHLENSWERTE ARTEN UND SORTEN

Allamanda catharactica 'Grandiflora' (hellgelb), *A. catharactica* 'Hendersonii' (goldgelb)

Die Goldtrompete (Allamanda catharactica) ist eine Pflanze mit exotischem Flair.

Flamingoblume

Botanischer Name: Anthurium
Familie: Aronstabgewächse (Araceae)

Anthurien zählen schon seit langem zu den beliebtesten Zimmerpflanzen. Ursprüngliche Herkunft: Mittel- und Südamerika. Es gibt viele Zuchtformen, von denen die meisten zwergwüchsig sind, dafür schöne, große Blumen hervorbringen, Für den Wintergarten verwendet man besser große Exemplare, die bis zu 2 m hoch werden. Durch Nebenaustrieb kann sie sich üppig ausbreiten.

PFLANZENBESCHREIBUNG

Die Pflanzen tragen große, herz- oder pfeilförmige, glänzend grüne Blätter auf langen Stielen und attraktive, typische Aronstabblumen mit glänzend roten, rosa, orangefarbenen, gelblichen, grünweißen oder reinweißen

Blumenscheiden und bunten Blütenkolben. Kulturformen bleiben kleiner, haben aber ähnliche Farben. Manche Arten haben besonders schöne Blätter mit mehrfarbiger Zeichnung.

Ansprüche und Pflege

Ganzjährig viel Wärme und eine erhöhte Luftfeuchtigkeit. Vor zu viel Sonne schützen! Substrat: kräftige Erdmischung mit Kompost oder Torf mit Spaghnum. Im Sommer reichlich, im Winter nur schwach gießen.

Empfehlenswerte Arten

Blühpflanzen: *Anthurium andreanum* (großwüchsig), *A. scherzerianum* (kleinwüchsig); Blattpflanzen: *A. clarinervum* und *A. crystallinum*

Brunfelsie

Botanischer Name: Brunfelsia
Familie: Nachtschattengewächse (Solanaceae)

Aufrechter immergrüner Strauch bis kleiner Baum mit schönem Laub und attraktiven Blüten. Herkunft: Mittel- und Südamerika. Eine robuste und wuchsfreudige Pflanze, die ideal für den warmen Wintergarten geeignet ist.

Pflanzenbeschreibung

Wuchsform und Größe der Blätter sind je nach Art verschieden. Niedrig wachsende Arten haben oft größere Blätter, die lanzettlich und glänzend dunkelgrün sind. Die prächtigen violettblauen, bis 8 cm großen Blüten stehen in Dreiergruppen. Baumartige Arten (bis 3 m) haben kleinere Blätter und Blüten, die nur kurzlebig sind und sich innerhalb weniger Tage verfärben.

Ansprüche und Pflege

Brunfelsien brauchen ein Torfsubstrat mit wenig Sand und einen halbschattigen Standort. Durchschnittlich gießen und wenig düngen. Ein Rückschnitt für gewünschte Wuchsformen ist möglich.

Empfehlenswerte Arten und Sorten

Brunfelsia pauciflora var. *pauciflora, B. pauciflora* var. *calycina, B. pauciflora* var. *calycina* 'Macrantha' (große Blüten)

Anthurien brauchen viel Wärme.

Brunfelsien sind ideal für den warmen Wintergarten.

Losbaum

Botanischer Name: Clerodendrum
Familie: Eisenkrautgewächse (Verbenaceae)

Herkunft: Neuguinea und pazifische Inseln, Asien und Afrika. Es gibt aufrechte und schlingende Arten mit sehr unterschiedlichem Erscheinungsbild. Prächtige, blühfreudige Zierpflanzen für Schattenbereiche im ganzjährig warmen Wintergarten.

PFLANZENBESCHREIBUNG
Kletternde Arten können bis zu 4 m hoch werden. Strauchig wachsende Arten erreichen moderate 90 bis 150 cm. Blatt- und Blütenformen als auch Blütenfarben sind sehr unterschiedlich. Blüten treten meist in Büscheln auf und sind entweder intensiv rot *(Clerodendrum paniculatum)*, weiß mit karminrotem Zentrum *(Clerodendrum thomsoniae)* oder in verschiedenen Blautönen *(Clerodendrum ugandense)* gehalten.

ANSPRÜCHE UND PFLEGE
Als ursprüngliche Bewohner tropischer Regenwälder verlangen sie im Wintergarten warmes, feuchtes Klima. Vor starker Sonne schützen. Als Substrat eignet sich Lehm mit Torf vermischt. Ganzjährig gleichmäßig gießen, aber Staunässe unbedingt vermeiden.

EMPFEHLENSWERTE ARTEN
Clerodendrum paniculatum, C. speciosissimum, C. thomsoniae, C. trichotomum var. *fargesii* und *C. ugandense*

Der Losbaum (im Bild: C. trichotomum var. fargesii) eignet sich für schattige Plätze im Wintergarten.

Zierbanane

Botanischer Name: Ensete
Familie: Bananengewächse (Musaceae)

Die Zierbanane stammt aus Äthiopien und unterscheidet sich von den Fruchtbananen *(Musa)* durch unterschiedlichen Habitus. Eine Stammbildung (Scheinstamm) erfolgt erst in einem späten Stadium oder gar nicht, während *Musa* von Anfang an aus den Blattscheiden einen Scheinstamm bildet. Ein weiterer Unterschied: *Musa* entwickelt aus dem

Die rotblättrige Form der Zierbanane (Ensete ventricosum 'Maurelii')

Wurzelstock zahlreiche Nebentriebe, *Ensete* nicht. Die Zierbanane, ausgesetzt im Wintergarten, kann besonders groß (breit und hoch, bis zu 6 m) werden. In Topfkultur: moderate Größe

Pflanzenbeschreibung

Die Blätter werden bis zu 6 m lang und 1 m breit. Ein Scheinstamm unter dem Blattschopf bildet sich erst nach etlichen Jahren und bleibt kurz mit großem Durchmesser. Eine Blüte kommt in Kultur selten vor. Nach der Blüte stirbt die Pflanze ersatzlos (anders als bei *Musa*) ab. Besonders attraktiv ist eine rotblättrige Form.

Ansprüche und Pflege

Die Zierbanane kann bei ganzjährig gleichmäßiger Wärme und reichlicher Bewässerung und Düngung kultiviert werden. Sie passt aber auch in den temperierten Wintergarten (Überwinterung bei +5 bis 10 °C). Als Substrat empfiehlt sich eine gehaltvolle Mischung aus Torf, Lehm und Kompost.

Empfehlenswerte Arten und Sorten

Ensete ventricosum (grünblättrig), *E. ventricosum* 'Maurelii' (rotblättrig)

Kentiapalme

Botanischer Name: Howea
Familie: Palmen (Arecae, Palmae)

Die Kentiapalme ist eine der elegantesten und beliebtesten Palmen für den Wohnbereich. Herkunft: Lord-Howe-Inseln im Pazifik. Als Jungpflanze verlangt sie ganzjährig gleichmäßig warme Temperaturen (um +20 °C). Erst ältere Exemplare können optimal bei +5 bis 10 °C überwintert werden. Die Kentiapalme wächst langsam, besonders in Topfkultur. Ausgepflanzt im Wintergarten ist sie schnellwüchsiger und wird mehrere Meter hoch.

Pflanzenbeschreibung

Schlanke Fiederpalme – meistens werden mehrere Einzelexemplare in einem Topf verkauft – mit elegant gebogenen, dunkelgrünen Blättern (3–4 m lang). Ein Stamm wird erst nach mehr als zehn Jahren gebildet.

Ansprüche und Pflege

Kentiapalmen vertragen kaum Frost. Sie wollen aber auch keine sommerlichen Spitzenwerte. Optimale Durchschnittstemperatur im Sommer: +20 °C. Zu viel Sonne schadet ebenfalls. Bester Standort: Halbschatten. Der Wurzelballen darf nie austrocknen. Im Sommer durchschnittlich bewässern; im Winter weniger. Luftfeuchtigkeit ist vorteilhaft. Als Substrat ist ein Gemisch aus Torf, Lehm und Sand am besten geeignet. Als Topfpflanze kann die Kentiapalme im Sommer im Freien stehen (Schatten oder Halbschatten).

Empfehlenswerte Arten

Howea belmoreana und *H. forsteriana*

Eine schlank wachsende Palmenart ist Howea forsteriana.

Fensterblatt

Botanischer Name: Monstera
Familie: Aronstabgewächse (Araceae)

Die weltweit wohl bekannteste Indoor-Pflanze stammt aus Mittelamerika. Fälschlich wird sie als „Philodendron" bezeichnet, da dieser Name einer eng verwandten Gattung zuzuordnen ist. *Monstera*-Arten sind sehr wüchsige Kletterpflanzen mit riesigen, fast kreisrunden, gelappten Blättern. Die klassische *Monstera deliciosa* besitzt viele verwandte Spezies, die nur wenig bekannt, dafür aber überaus dekorativ und optimal für Wintergärten geeignet sind.

Pflanzenbeschreibung

Monstera deliciosa ist, gut gepflegt, regelmäßig geschnitten und mit einer kräftigen Kletterhilfe versehen, eine sehr eindrucksvolle Zierpflanze für große Räume und Wintergärten. Noch attraktiver sind wesentlich kleinere verwandte Arten mit nicht minder schönen Blättern, die teilweise auch panaschiert sind. Manche besitzen mehr oder weniger stark perforiertes Laub, sind aber ganzrandig (Blattlänge: max. 25 cm).

Die bekannte Monstera deliciosa wächst bei ausreichendem Platz zu eindrucksvoller Größe heran.

Ansprüche und Pflege

Ein halbschattiger Platz im warmen Wintergarten ist optimal, eine stabile Kletterhilfe unbedingt notwendig. Frost wird nicht vertragen! Alle Arten wollen gleichmäßige Wärme, im Sommer aber keine zu große Hitze. Als Topfpflanze ist eine sommerliche Übersiedlung an einen schattigen Standort im Freien förderlich. Beim Überwintern bietet sich das Warmhaus an; Ausnahme ist *Monstera deliciosa*: Sie verträgt auch niedere Temperaturen (bis zu +5 °C). Substrat: Außer einer guten Drainage keine besonderen Ansprüche. Düngung ist im Frühjahr und Sommer regelmäßig notwendig.

Empfehlenswerte Arten und Sorten

Monstera acuminata, M. adansonii, M. deliciosa, M. deliciosa 'Variegata', *M. friedrichstahlii* und *M. leichtlinii*

Banane

Botanischer Name: Musa
Familie: Musaceae (Bananengewächse)

Herkunft: Asien. Es gibt eine Vielzahl von Arten und Züchtungen – vor allem als Nutzpflanzen. Fruchtbananen sind weniger für Wintergärten geeignet. Besser gedeihen Zierformen mit schöner Statur und mäßigem Wachstum. Diese sind optimal für temperierte und warme Wintergärten geeignet. Einige Arten sowie neue Züchtungen vertragen sogar geringe Fröste.

Pflanzenbeschreibung

Aufrecht wachsende, krautige Gewächse mit einem oft meterlangen Scheinstamm, der aus den Blattscheiden gebildet wird. Die Pflanzen tragen große, elliptische Blätter, zumeist grün, manchmal mit roten Flecken oder Adern. *Musa* wächst, im Gegensatz zu *Ensete*, mehrtriebig aus dem Wurzelstock. Nach Blüte und Frucht stirbt die einzelne Pflanze ab, nicht aber der Neuaustrieb. Die Blüten der meisten Bananen sind besonders attraktiv und werden auch in der Floristik verwendet. Vereinzelt werden auch im Wintergarten kleine Früchte ausgebildet, die aber nur selten schmackhaft sind.

Vereinzelt bilden Bananen auch im Wintergarten kleine Früchte aus (im Bild: Musa basjoo).

Ansprüche und Pflege

Bananen sind problemlose Wintergarten- bzw. Kübelpflanzen, die lehmiges Substrat benötigen. Sie brauchen im Sommer eine feuchtwarme Umgebung und Schutz vor zu viel Sonne. In der warmen Jahreszeit reichlich bewässern, im Winter gleichmäßig feucht halten. Im Winter wird ein breites Temperaturspektrum vertragen.

Empfehlenswerte Arten

Im temperierten Wintergarten: *Musa basjoo* und *M. sikkimensis*; im warmen Wintergarten: *M. acuminata* (essbar), *M. nana, M. ornata, Musa* x *paradisica* (essbar), *M. uranoscopus* und *M. velutina*

Baumfreund

Botanischer Name: Philodendron
Familie: Aronstabgewächse (Araceae)

Herkunft: tropisches Amerika. Die *Philodendron*-Arten sind kletternde oder selbsttragende Blattpflanzen mit einer großen Vielfalt an Formen und Größen. Viele eignen sich für den warmen Wintergarten und manche unter ihnen sind echte Raritäten. Alle Arten können in Wuchsform und Dimension durch Rückschnitt gezähmt werden.

Pflanzenbeschreibung

Nur wirklich alte Exemplare bekommen verholzte Stämme.

Eine der vielen Arten des Baumfreundes (Philodendron scandens)

Im Wintergarten erreichen sie kaum ihre natürliche Wuchs- und Blattgröße. Wir müssen uns mit den – durchaus auch attraktiven – Jugendstadien zufrieden geben. Auch Blüten können sich schon in der Jugendphase entwickeln (durchwegs typische Aronstabblumen).

Ansprüche und Pflege

Sehr ähnlich wie bei *Monstera*. Ein halbschattiger Platz im warmen Wintergarten ist optimal. Alle Arten brauchen gleichmäßige Wärme, im Sommer aber keine große Hitze. Fröste werden nicht toleriert. Bereits bei uns als Zimmerpflanzen bekannte Arten sind robust und pflegeleicht. Neue Spezies sind sensibel und benötigen zumindest gleichmäßige Wärme und hohe Luftfeuchtigkeit. In Wachstumsperioden wird reichlich bewässert und gedüngt, im Winter weniger. Der Wurzelstock sollte nicht austrocknen.

Empfehlenswerte Arten

Philodendron bipennifolium, P. bipinnatifidum, P. cordatum, P. domesticum, P. erubescens (grüne, dunkelrote und rot panaschierte Blattformen), *P. giganteum, P. gloriosum, P. imbe, P. melanochrysum, P. ornatum, P. pedatum, P. scandens, P. speciosum* und die Sorte *P.* 'Xanadu'

Thunbergie

Botanischer Name: Thunbergia
Familie: Akanthusgewächse (Acanthaceae)

Windende oder aufrecht wachsende Sträucher oder Stauden aus Afrika und Asien. Es gibt auch einjährig kultivierbare Arten (z. B. *Thunbergia alata* – Schwarzäugige Susanne). Zwei weitere Arten eignen sich gut für den warmen Wintergarten.

Pflanzenbeschreibung

Die sattgrünen Blätter sind gegenständig angeordnet. Die Blüten – gelb, orange, hell- oder dunkelviolett – erscheinen in den Blattachseln. Die Einzelblüten sind flach oder trompetenförmig. Kletternde Arten können mehrere Meter hoch wachsen. Aufrechte Exemplare werden knapp 150 cm hoch.

Ansprüche und Pflege

Warme, sonnige Standorte garantieren reiche Blüte. Im Winter wird gleichmäßige Temperatur (um 20 °C) ebenso benötigt wie große Helligkeit. Der sommerliche Wasserbedarf ist groß. Im Winter, so die Temperaturen kühler sind, wird dann wenig gegossen und nicht mehr gedüngt. Der Wurzelballen darf nicht austrocknen.

Empfehlenswerte Arten

aufrechter Strauch: *Thunbergia erecta* (dunkelviolett); Staude: *T. battiscombei* (violett); kletternd: *T. alata* (orange mit schwarzem Auge), *T. grandiflora* (hellviolett), *T. gregorii* (orange)

Thunbergien (im Bild: T. grandiflora) benötigen sehr helle Standorte.

Tibouchinie, Prinzessinenblume

Botanischer Name: Tibouchina
Familie: Schwarzmundgewächse (Melastomataceae)

Tibouchinien sind aufrechte Sträucher aus Brasilien mit immergrüner Belaubung und großen, schönen Blüten. Ein weiterer Blickfang in jedem warmen Wintergarten.

PFLANZENBESCHREIBUNG
Unter günstigen Bedingungen kann der Strauch bis zu 4,50 m hoch werden. Seine bis zu 10 cm großen, leuchtend violetten Blüten erscheinen im Wintergarten von November bis März, wobei alternierende Blühzeiten möglich sind. Die neuen Triebe sind vierkantig und rötlich behaart und die an der Unterseite dicht behaarten Blätter werden bis zu 12 cm lang.

ANSPRÜCHE UND PFLEGE
Einerseits ist im Sommer ein warmer, sonniger Standort erwünscht, andererseits muss in den Mittagsstunden vor zu viel Sonne geschützt werden. Im Winter sollte sich die Temperatur um + 10 °C bewegen. Das Substrat soll zuverlässig sauer (pH-Wert nicht über 5,5) sein. Zum Gießen wird weiches Wasser verwendet, um Chlorose zu vermeiden. Der Wurzelballen benötigt gleichmäßige Feuchtigkeit. Bei kaltem Wetter ist keine Bewässerung nötig. Regelmäßiger Rückschnitt ist für formschönes Wachstum unbedingt notwendig.

EMPFEHLENSWERTE ART
Tibouchina urvilleana

Tibouchina urvilleana blüht im Wintergarten von November bis März.

Palmfarn, Zamie

Botanischer Name: Zamia
Familie: Zamiaceae

Palmfarne aus dem tropischen und subtropischen Amerika gehören zu den ältesten Samenpflanzen der Erdgeschichte. Viele von ihnen sind schöne Solitärpflanzen für warme Wintergärten.

PFLANZENBESCHREIBUNG
Zamien haben keinen oder einen nur kurzen, kräftigen Stamm, gefiederte Blätter und braune, graue oder rötliche Zapfen. Sie werden 1 bis 5 m hoch und sehr breit, sodass sie viel Platz brauchen.

ANSPRÜCHE UND PFLEGE
Sonniger bis halbschattiger Standort in einem gut durchlässigen Lehm-Sand-Gemisch. Der Wurzelballen soll nicht austrocknen.

EMPFEHLENSWERTE ARTEN
Zamia fischeri, Z. furfuracea, Z. lindenii, Z. pumila, Z. skinneri

Zamia furfuracea

In Kurzform: weitere Wintergartenpflanzen im Überblick

nach klimatischen Bedingungen

Im unbeheizten Wintergarten

Botanischer Name	Deutscher Name	Besonderheiten	Stand-ort	Gießen
Aloysia triphylla	Zitronenstrauch	lavendelblaue Blüten	S	im Sommer reichlich
Araucaria araucana	Chile-Araukarie	Blattschmuckpflanze Stacheln	H	im Sommer reichlich
Arum italicum	Italienischer Aronstab	dekorative Blätter weiße Blüten	H	durchschnittlich kalkliebend
Aucuba japonica	Aukube	Blattschmuckpflanze	H	wenig
Capparis spinosa	Echt. Kapernstrauch	weißviolette Blüten	S	durchschnittlich
Cobaea scandens	Glockenrebe	Kletterpflanze cremeweiße Blüten	S	durchschnittlich
Fuchsia	Fuchsie	verschiedenfarbige Blüten	H	durchschnittlich
Hydrangea macrophylla	Garten-Hortensie	weiße, rote oder blaue Blüten	H	reichlich
Jasminum mesnyi	Primel-Jasmin	Kletterpflanze, gelbe Blüten	S	feucht halten
Laurus nobilis	Echter Lorbeer	Blattschmuckpflanze	S	durchschnittlich
Livistona australis	Australische Livistonpalme	Blattschmuckpflanze	S	reichlich
Phyllostachys aurea	Goldrohrbambus	Blattschmuckpflanze	S	reichlich
Pistacia lentiscus	Pistazie/ Mastixstrauch	Blattschmuckpflanze	S	durchschnittlich
Sabal minor	Zwerg-Palmetto	Blattschmuckpflanze	S	im Sommer reichlich

Im temperierten Wintergarten

Botanischer Name	Deutscher Name	Besonderheiten	Stand-ort	Gießen
Abutilon	Schönmalve	orange, rote Blüten	S	im Sommer reichlich
Ardisia crenata	Gewürzbeer-Spitzenblume	kleine, rötliche Blüten korallenrote Früchte	H	durchschnittlich
Begonia cucculata var. *hookeri* (syn. *B. semperflorens*)	Begonie	scharlachrote, rosa Blüten	H	durchschnittlich
Cestrum elegans	Roter Hammerstrauch	karminrote Blüten	S	durchschnittlich
Cissus antarctica	Känguruh-Klimme	Kletterpflanze	H	durchschnittlich
Eriobotrya japonica	Japanische Wollmispel	dekorative Blätter essbare Früchte	S	im Sommer reichlich
Haworthia attenuata	Gestreifte Haworthie	Sukkulente	H	feucht halten
Hibiscus rosa-sinensis	Chinesischer Roseneibisch	gelbe, rosa, rote Blüten	H	durchschnittlich
Impatiens walleriana	Fleißiges Lieschen	verschiedenfarbige Blüten	H	feucht halten
Ipomea indica	Indische Prunkwinde	Kletterpflanze blauviolette Blüten	S	durchschnittlich

Botanischer Name	**Deutscher Name**	**Besonderheiten**	**Stand-ort**	**Gießen**
Kalanchoe	Kalanchoe	Sukkulente	S	mäßig
Pericallis	Aschenblume/ Cinerarie	weiße, rosa, rote, violette Blüten	H	durchschnittlich
Phoenix roebelenii	Zwerg-Dattelpalme	Blattschmuckpflanze	S	durchschnittlich
Polystichum falcatum	Mondsichel-Schildfarn	Blattschmuckpflanze	H	feucht halten
Tradescantia fluminentis	Rio-Dreimasterblume	Buntblattpflanze	S	im Sommer reichlich

Im warmen Wintergarten

Botanischer Name	**Deutscher Name**	**Besonderheiten**	**Stand-ort**	**Gießen**
Aechmea fasciata	Silbervasen-Lanzenrosette	Rosettenpflanze	H	mäßig
Aglaonema	Kolbenfaden	Buntblattpflanze	H	durchschnittlich
Alocasia	Pfeilblatt/ Elephantenohr	dekorative Blätter Kolbenblüten	S–H	ganzjährig reichlich
Aristolochia littoralis	Strand-Pfeifenwinde	Kletterpflanze	H	feucht halten
Caladium bicolor	Engelsflügel-Kaladie	Buntblattpflanze	H	durchschnittlich
Calathea zebrina	Zebra-Korbmarante/ Zebra-Pfeilwurz	Buntblattpflanze	S	feucht halten
Columnea gloriosa	Goldfisch-Rachenrebe	Ampelpflanze	H	feucht halten
Ctenanthe oppenheimiana	'Tricolor'	Buntblattpflanze	H	feucht halten
Epipremnum aureum	Goldene Efeutute	Kletterpflanze	H	durchschnittlich
Ficus macrophylla	Großblatt-Feige	Blattpflanze	S	durchschnittlich
Gardenia augusta	Kap-Gardenie	Blühpflanze	H	durchschnittlich
Guzmania	Guzmanie	Rosettenpflanze	H	feucht halten
Licuala grandis	Große Strahlenpalme	Palme	H	durchschnittlich
Mandevilla splendens	Glänz. Chilejasmin	Kletterpflanze	H	feucht halten
Maranta leuconeura	Bunt-Pfeilwurz	Buntblattpflanze	S	feucht halten
Neoregelia	Gerunzelter Zwergpfeffer	Rosettenpflanze	H	feucht halten
Peperomia caperata	Pfeffergesicht	Blattpflanze	S	feucht halten
Phalaenopsis	Malaienblume	Orchidee	H	feucht halten
Pilea cardierei	Vietnam-Kanonierblume	Blattpflanze	H	feucht halten
Schefflera actinophylla	Queensland-Strahlenaralie	Blattpflanze	S	durchschnittlich
Spathiphyllum floribundum	Blattfahne	Blattpflanze schöne Blüten	H	durchschnittlich
Stephanotis floribunda	Madagaskar-Kranzschlinge	Blattpflanze schöne Blüten	S	feucht halten

S = Sonne; H = Halbschatten

Pflanzenpraxis – Arbeiten im Wintergarten

Nachdem die Technik des Wintergartens zufrieden stellend ausgeführt und die Bepflanzung ausgewählt wurde, geht es an den „Feinschliff“.

Nach der fachgerechten Auspflanzung müssen die grünen Bewohner nun gut betreut, gehegt und gepflegt werden, damit der Wintergarten zu einer grünen Oase heranwachsen kann.

Auspflanzung und Startpflege

Einzelpflanzung in Gefäßen

1. Pflanzen positionieren

Relativ einfach ist die Wintergartenbegrünung, wenn ausschließlich Topfpflanzen verwendet werden. Wenn man die Pflanzen unter Bedachtnahme auf deren Bedürfnisse und dekorative Wirkung positioniert hat, kann nicht viel schief gehen, eine spätere Umplatzierung der Pflanzengefäße ist jederzeit möglich. Die harmonische „Verträglichkeit“ der Pflanzen sollte aber stimmen. Sie müssen von Größe, Farbe und Blattstruktur zusammenpassen. Arrangieren Sie die Pflanzen so, dass später die menschlichen Bedürfnisse nicht zu kurz kommen: Ausreichend Platz für einen eventuellen Sitzplatz, für Wege und menschliche Bewegungsfreiheit muss gegeben sein.

Berücksichtigen Sie auch die spätere Pflege des Wintergartens, alle Pflanzen sollten, etwa zur regelmäßigen Bewässerung, mühelos erreichbar sein.

Substratmischungen

Üblicherweise gibt es bei den Substraten zwei empfehlenswerte Mischungen:

- *Das Lehmsubstrat besteht aus 7 Teilen sterilisierter Lehmerde, 3 bis 4 Teilen Torf oder Torfersatz und 2 bis 3 Teilen grobem Sand bzw. gewaschenem Quarzsand. Auf ca. 50 Liter dieser Mischung gibt man 60 g Universaldünger und bis zu 60 g gemahlenen Kalk.*
- *Das Torfsubstrat mischt man aus zwei gleichen Teilen von Torf oder Torfersatz sowie grobem Sand. Diese Mixtur kann je nach Bedarf stickstoffbetont vorgedüngt werden. Braucht die Pflanze, je nach Art verschieden, einen niederen pH-Wert, kann der Torfanteil erhöht werden.*
- *Torf und Moorbeeterde sind wertvolle Naturprodukte, mit denen sparsam umgegangen werden sollte. Nahezu gleichwertige Eigenschaften haben moderne Ersatzprodukte, wie etwa ein Substrat aus fermentierten Kokosfasern.*

2. Gefäße auswählen

Ob Ton- oder Kunststoffgefäße verwendet werden, ist individuell zu entscheiden. In einem Wohn-Wintergarten kommt der dekorative Effekt hinzu. Bei der Dimensionierung sollte man die Zuwachsraten der Pflanzen von Anfang an einkalkulieren und daher eher größere Gefäße wählen.

3. Substrat auswählen

Die Zusammensetzung des Topfsubstrates hängt vom Bedarf der Gewächse ab. Für spezielle Arten gibt es heute gut abgemischte Fertigsubstrate, wie etwa Kakteenerde, Palmenerde oder Mixturen für Zitruspflanzen. Fertigsubstrate, wie etwa Moorbeeterde oder diverse Torf- oder Torfersatzprodukte, benötigen

Blumentopfbürsten aus harter Pflanzenfaser eignen sich dank ihrer konischen Form sehr gut zum Entfernen von alter Erde, Pflanzen- oder Wurzelresten.

den Zusatz von auflockernden Medien. Dafür eignen sich gewaschener Quarzsand oder Perlite, die im Gartencenter oder im Baumarkt erhältlich sind. Auch die Beimischung von spezieller Komposterde ist möglich, wenn deren Auswirkung auf den pH-Wert des Substrates vertretbar ist. Zwei Dinge sind hier von wesentlicher Bedeutung: Das abgemischte Topfsubstrat soll aufnahmefähig genug sein, um Gießwasser und Nährstoffversorgung speichern zu können. Die Mischung muss aber auch locker sein, um genügend Durchlüftung sicherzustellen und überschüssige Nässe zuverlässig abzuführen.

Bepflanzung in mobilen Gefäßen

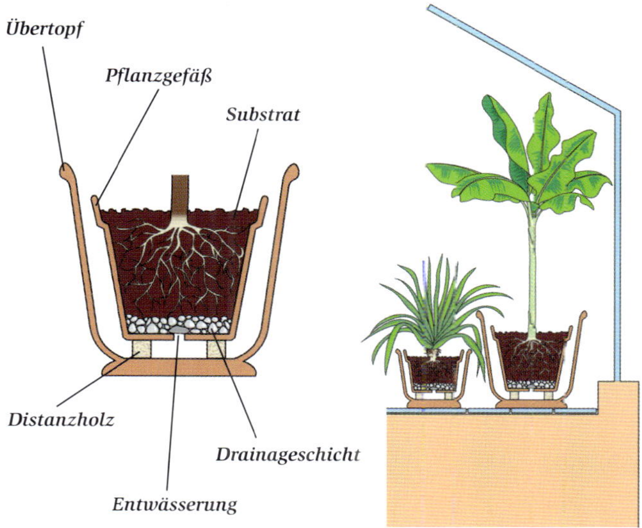

Pflanzen in Einzelgefäßen werden umgetopft, sobald die Wurzeln aus dem Abzugsloch wachsen. Im neuen Gefäß soll rund um den Wurzelballen 2 bis 3 cm Platz sein.

4. Drainage vorsehen

Um Staunässe zu verhindern, wird jeder Topf am Boden mit einer Drainageschicht versehen. Sie soll gut 5 bis 10 % der Substratmenge ausmachen. Das Material dafür muss strukturstabil sein und darf nicht verrotten. Am geeignetsten sind Tonscherben, Kies, Blähton-Kugeln oder zerkleinertes Styropor.

5. Startdüngung

Beim Topfen von gut entwickelten Pflanzen kann in das Substrat vorsichtig ein ausgewogener Langzeitdünger gemischt werden. Gute Produkte sind für Zimmerpflanzen ausgelegt und beinhalten neben den Grundelementen Stickstoff (N), Phosphor (P) und Kali (K) auch einen abgestimmten Mix aus Spurenelementen. Eine Startdüngung nach dem Umsetzen sollte mit geringer Konzentration – ca. der Hälfte der empfohlenen Konzentration – durchgeführt werden.

6. An den Standort gewöhnen

Frisch getopfte Pflanzen dürfen auch im Wintergarten nicht sofort praller Sonneneinstrahlung ausgesetzt werden. Schäden an Blättern und Austrieb wären eine unmittelbare Folge. Eine langsame Gewöhnung an den neuen Standort ist zu empfehlen. Am besten ist, die neu arrangierten Pflanzen für einige Tage zu schattieren und sie dann erst der vollen Sonne auszusetzen.

7. Pflanzen eingießen

Neu getopfte Pflanzen sind durchdringend mit handwarmem Wasser zu gießen.

Erhöhte Trogbeete lassen sich individuell auf den Wintergartenstil abstimmen und haben eine bequeme Arbeitshöhe.

Der Überschuss muss nach etwa einer halben Stunde aus dem Untersatz oder Übertopf entfernt werden. Das nächste Gießen erfolgt erst, wenn die Substratoberfläche beginnt, trocken zu werden. Danach wird nach Bedarf weiter gegossen.

8. Rückschnitt

Ein eventueller Rückschnitt ist bei Bedarf schon beim Positionieren der Pflanzen möglich, es sollte aber nur ein leichter Formschnitt sein.

Bepflanzung in erhöhten Trogbeeten

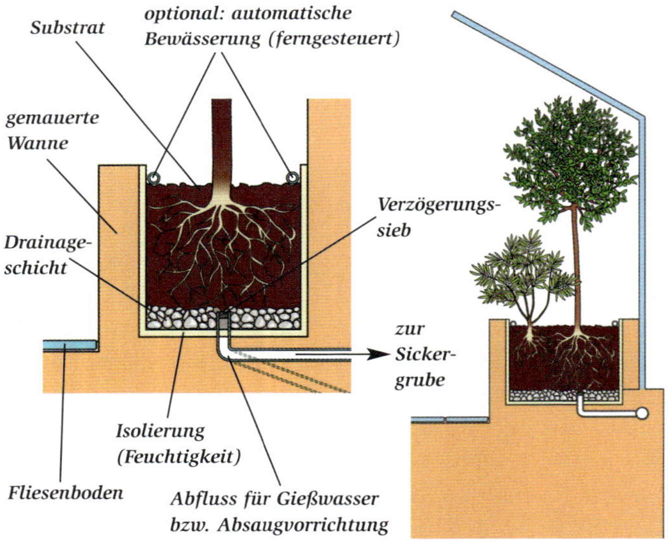

Trogbeete können aus Holz, Waschbeton oder Ziegeln gebaut werden. Nicht wasserfestes Material wird vor der Bepflanzung mit Teichfolie ausgekleidet. Auch das Trogbeet benötigt eine ca. 10 cm hohe Drainageschicht aus Blähton, grobem Kies oder ähnlichem Material.

Pflanzung in Gruppen

Vorteilhaft, aber entsprechend aufwändiger sind Gruppenpflanzungen. Man pflanzt dabei entweder in den frei gelassenen Mutterboden oder in eigens dafür angelegte, bodenebene oder aufgemauerte Becken. Auch große, bewegliche Wannen sind eine Möglichkeit dafür.

1. Bepflanzungsplan entwerfen

Als erster Schritt empfiehlt sich in diesem Fall der Entwurf eines Bepflanzungsplanes, da spätere Änderungen nur schwer möglich sind. Die verschiedenen Pflanzen jeder Gruppe müssen in ihrer gegenseitigen Verträglichkeit, dekorativen Wirkung und vor allem nach dem physiologischen Bedarf zusammenpassen. Wer ganz perfekt pflanzen will, sollte auch unterschiedliche Abstammungen und Artverwandtschaften nicht vermischen.

2. Behälter auswählen

Je nach Pflanzenart und -größe sollte der Gruppenbehälter eine ausreichende Tiefe aufweisen – jeweils orientiert an der Pflanze, deren Wurzelballen die größte Tiefe benötigt.

3. Drainage anlegen

Eine Drainage aus Blähton,

Tonscherben, Steinen oder grobem Kies und eine optimale Wasserentsorgung sind auch hier unbedingt notwendig.

4. Substrat einbringen

Die Substratmischung ist ähnlich der Topferde vorzunehmen und muss für die ganze Pflanzengruppe geeignet sein. Nach der Anlage der Drainage und etwaiger Installationen im Bodenbereich wird bis zu halber Tiefe Substrat aufgefüllt. Nun werden die Exemplare mit dem umfangreichsten Wurzelwerk in Position gebracht, im Boden gut verankert und teilweise abgedeckt. Schritt für Schritt werden nach diesem Schema alle anderen Arten, bis hin zu den flächigen Bodendeckern, eingebracht. Bei der anfänglichen Bewässerung ist darauf zu achten, dass überschüssiges Wasser durch einen Überlauf abfließen kann. Zur Abdeckung der freien Flächen kann abschließend zum Beispiel Rindenmulch verwendet werden.

5. Startdüngung geben

Die Startdüngung erfolgt wie bei der Einzelpflanzung (s. S. 81) beschrieben.

Bepflanzung in Grundbeeten

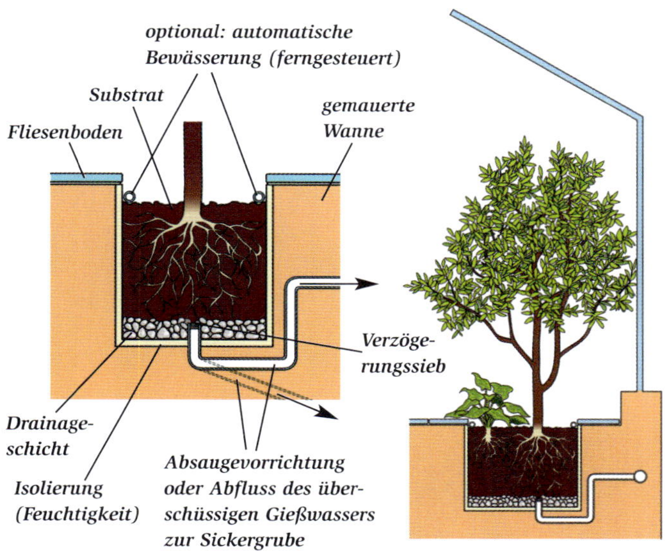

Für ein Grundbeet wird der Bodenbelag ausgespart und bodeneben direkt in den gut verbesserten Naturboden oder in Pflanzwannen gepflanzt. Das Grundbeet muss mind. 50 cm tief sein. Eine mindestens 10 cm hohe Drainageschicht ist auch hier unbedingt notwendig.

Tipps zur Auspflanzung und Startpflege

- *Vor allem bei frisch getopften Pflanzen darf die Düngung nie auf ausgetrocknetes Substrat oder auf offensichtlich geschädigte Wurzeln erfolgen.*
- *Rindenmulch hat viele Vorteile und sieht vor allem auch im Wintergarten gut aus. Trotzdem ist Vorsicht geboten: Unter der Mulchschicht wird die Bodenfeuchtigkeit besser gespeichert! Das sollte man beim Gießen berücksichtigen, um eine Überwässerung zu vermeiden. Vor allem frischer Rindenmulch von Nadelgehölzen enthält viel Tannin, das nicht immer pflanzenverträglich ist. Rindenmulch sollte deshalb nicht unmittelbar an pflanzliches Gewebe gelangen. Ein gewisser Abstand ist angebracht.*

Regelmäßige Pflegearbeiten

Beobachten Sie die Entwicklung der Pflanzen zu Beginn besonders gut. Bei einem hohen Anteil an Automatisierung muss das Zusammenwirken aller technischen Einrichtungen optimal dem Bedarf der Wintergartenpflanzen angepasst werden. Danach sind nur mehr die saisonal abhängigen Instandhaltungsarbeiten nötig.

Neben regelmäßiger Bewässerung, periodischen Düngegaben und etwaigem Rückschnitt sollte der Wintergarten wenig Probleme bereiten. Sollten sich trotzdem Krankheiten und Schädlinge einstellen, muss rasch reagiert werden, bevor sie sich ausbreiten und großen Schaden anrichten.

Luftfeuchtigkeit zuführen

Feuchtigkeit wird von den Pflanzen nicht nur aus dem Boden, sondern zusätzlich durch ihre Belaubung aufgenommen. Geschieht das nicht automatisiert, muss einem großen Teil der Wintergartenpflanzen neben der regelmäßigen Bewässerung auch öfter per Hand-Sprühflasche Luftfeuchtigkeit zugeführt werden. Vor allem bei großblättrigen Arten sollte die Blattober- und Blattunterseite öfter von anhaftendem Staub gereinigt werden, um zu verhindern, dass die Poren verkleben. In einem gepflegten Wintergarten sollten verstaubte Pflanzen ohnehin nicht vorkommen.

Auf Sauberkeit achten

Sauberkeit ist auch oberstes Gebot bei der Entsorgung von abgestorbenen Pflanzenteilen, wie Blüten, Blätter, Rückschnittabfall etc. Das ist bei Topfpflanzen aus rein ästhetischen

Wasserspender wie diese sind kleine Kunstwerke aus Glas und versorgen Topfpflanzen zuverlässig mit Wasser. Sie werden etwa zur Hälfte mit Wasser gefüllt und in den Topf gesteckt.

Sauberkeit ist einer der Faktoren für ein gesundes Wintergartenklima.

Gründen eine Selbstverständlichkeit. Obwohl sich in der Natur auf diese Weise eine natürliche Mulchschicht aufbaut, sollte der Substratboden bei großflächigen Pflanzungen nicht mit biologischen Resten verunreinigt sein, denn in solch einem eingeschränkten Biotop unter Glas bilden sich rasch Krankheitskeime und schädliche Pilze. Bei Gruppenpflanzungen sollte die Erde deshalb regelmäßig gerecht und oberflächig aufgelockert (durchlüftet) werden. Auch ausgesinterte Salzablagerungen können so entsorgt werden.

Staunässe ist gefährlich, deshalb überschüssiges Wasser regelmäßig aus Übertöpfen und Untertassen entfernen.

Tipps zur regelmäßigen Pflege

- *Im Kampf gegen die Staunässe, dem größten Feind in der Zierpflanzenkultur, müssen im Wintergarten Übertöpfe und Untersätze regelmäßig auf angesammelte Gießwasserrückstände überprüft werden. Abgestandenes, fauliges Wasser fördert in kürzester Zeit die Bildung von schädlichen Bakterien, die dann die Wurzeln zerstören und zum Totalschaden der Pflanze führen können.*
- *Führen Sie ein „Pflege-Tagebuch", in das Sie in kurzen Worten die durchgeführten Maßnahmen ebenso wie besondere Auffälligkeiten eintragen. Wenn dann einmal Probleme, wie bakterielle Erkrankungen oder Schädlingsbefall, auftreten, sind diese Aufzeichnungen zumeist sehr hilfreich für die Feststellung der Ursachen und die Beseitigung des Schadens.*

Vorbeugung und behutsamer Pflanzenschutz

Der Einsatz chemischer Pflanzenschutzmittel sollte prinzipiell nur in Notfällen in Erwägung gezogen und zuvor mit einem Fachmann besprochen werden. Manchmal erzielt man damit tatsächlich den stärksten Wirkungsgrad, doch der Umgang mit Giftstoffen erfordert sehr hohes Verantwortungsbewusstsein.

Für die meisten Krankheiten gibt es nicht nur die „chemische Keule", sondern eine Reihe von alternativen Heilungsmethoden, durch die auch unsere Umwelt nicht geschädigt wird. Vorbeugender und therapeutischer Pflanzenschutz ist als Thema ebenso alt wie die Zierpflanzenkultur überhaupt. Heute ist es ein erklärtes Ziel, eine ökologisch verträgliche Vorgangsweise zu wählen.

Gute (klein-)klimatische Bedingungen sind der Grundstein für gesunde Pflanzen im Wintergarten.

Vorbeugung
Das Einhalten gewisser Regeln von Anfang an kann dem Auftreten möglicher Schädlinge und Krankheiten vorbeugen und ihre Verbreitung verhindern.

Sauberkeit
Wenn abgestorbene Pflanzenteile, wie gefallene Blüten, Laub etc., regelmäßig entfernt werden, wird damit Pilzerkrankungen der Nährboden entzogen. Da sich an der Substratoberfläche immer wieder Aussinterungen und auch organische Krankheitserreger ansiedeln, empfiehlt es sich, die obersten Zentimeter der Erdschicht periodisch abzuziehen und zu erneuern.

Gesundheit
Kränkliche und schwächliche Gewächse sollten zu ihrer Gesundung vorübergehend in eine Art „Quarantäne" übersiedeln, wo sie bessere Bedingungen vorfinden. Bei Neuerwerbungen kann man mit dieser Methode deren Gesundheit und Freiheit von eingeschleppten Schadorganismen feststellen.

Wintergarten-Klima
Schlechte (klein-)klimatische Bedingungen im Wintergarten sind sehr oft Auslöser von Schädlingsbefall und Krankheiten. Mit einer Reihe technischer Einrichtungen können heute in fast jedem Wintergarten optimale Bedingungen geschaffen werden, ob es nun um Temperaturzonen, wie etwa bodennahe Wärme, Licht, Be- und Entwässerung oder Qualität der Raumluft bzw. deren Umsatz geht.

Düngung
Das richtige Maß bei der Nährstoffversorgung kann zum entscheidenden Gesundheitsfaktor der Pflanzen werden. Viele beliebte Wintergartenpflanzen sind mehr sensibel als robust.

Möglichkeiten für behutsamen Pflanzenschutz

- *Eine direkte Methode, um mit Schädlingsbefall fertig zu werden, ist, die infizierte Pflanze einfach einmal gründlich zu* ***waschen*** *oder, wenn sie ausreichend robust gebaut ist,* ***mit Wasser abzuspritzen****. Viele Krankheitserreger bekämpft man durch Rückschnitt und sofortige Entsorgung.*
- *Eine weitere einfache Möglichkeit ist der Einsatz von Fangeinrichtungen für fliegende Parasiten („****Gelbtafeln****").*
- ***Natürliche Feinde*** *der Schädlinge werden bereits erfolgreich als* ***Nützlinge*** *eingesetzt. Sie sind optimal für den Wintergarten geeignet, sofern nicht eines Tages die Raubinsekten beginnen, sich unkontrolliert auszubreiten.*
- *Interessant sind auch* ***biochemische Grundstoffe****, die pflanzlichen Ursprungs sind und in zunehmendem Maß für den Pflanzenschutz entdeckt werden. Hier spannt sich der Bogen von Algen-Extrakten über eigens bearbeitete landwirtschaftliche Abfallprodukte bis hin zu Pflanzensäften von Urwaldbäumen. Hier gibt es fast täglich Neues zu vermelden. Die neu entdeckten Mittel müssen natürlich erst auf ihre Wirkung einerseits und ihre Verträglichkeit andererseits langzeitgetestet werden.*

Sie reagieren auf eine Überdosierung mit Schäden. Die Dosierungs-Vorschläge der Hersteller sollten höchstens exakt eingehalten, besser noch leicht unterschritten werden.

Information über die Pflanzen

Gute Voraussetzungen für die richtige Pflege der verschiedenen Arten ist eine möglichst genaue Kenntnis der botanischen Charakterzüge.

Je besser eine Pflanze, ihre familiäre Abstammung, ihre Herkunft, ihre Abneigungen und ihre Bedürfnisse gekannt werden, umso sicherer kann der passende Standort ausgewählt und können Pflegefehler, die zu Schäden führen, vermieden werden.

Tipp

*Auch manche alte **Hausmittel** sind sinnvoll. Spinnmilben etwa können im Anfangsstadium mit in Wasser aufgelöster Schmierseife, unter Beifügung von 1/16 l Spiritus, abgefüllt in eine Sprühflasche, weggesprüht werden. Dieselbe Mischung erstickt angeblich auch Woll- und Schildläuse, die man anschließend allerdings noch händisch von der Pflanze absammeln muss. Weitere Methoden beziehen sich z. B. auf Brennnesseljauche oder ein Extrakt aus fermentiertem Zigarettentabak.*

Eine erste Maßnahme bei Schädlingsbefall ist es, die infizierte Pflanze einmal gründlich zu waschen oder robuste Pflanzen mit Wasser abzuspritzen.

Krankheiten und Schädlinge

Selbst bei sorgfältigster Pflege können Erkrankungen und Schädlingsbefall der Pflanzen auftreten. Krankheitserreger und Ungeziefer schleppt man oft durch Neuerwerbungen in den Wintergarten ein. Die meisten Schädigungen entstehen aber durch Pflegefehler oder einen ungünstigen Standort, hier müssen die Ursachen behoben werden.

Das Auftreten der Symptome kann ganz unterschiedlich sein, der Zusammenhang zwischen auslösenden Umständen und auftretenden Problemen ist oft nicht einfach zu erkennen. Zum Beispiel treten Schadinsekten fast ausschließlich bei Pflanzen auf, die schon aus anderen Gründen geschwächt sind. Die wichtigsten Symptome und ihre möglichen Ursachen sollen hier beschrieben werden.

1) Direkte Schädigungen

Extreme Temperatureinflüsse, schlechte Luftqualität, Überfluss oder Mangel an Wasser, Nährstoffen und Licht führen unmittelbar zu merklichen Schäden oder begünstigen in der Folge den Befall mit Schädlingen und Krankheiten.

Erfrierungen
treten auf, wenn nicht frostresistente Pflanzen für eine bestimmte Zeit Temperaturen unter dem Gefrierpunkt ausgesetzt werden. Zuerst fallen Blüten ab, dann werden die Blätter weich, verfärben sich dunkel und fallen auch ab. Triebspitzen werden geschädigt und zuletzt wird das verholzte Gewebe zerstört.

Schäden entstehen durch Pflegefehler oder einen ungünstigen Standort.

Abhilfe: Wird das Problem rechtzeitig erkannt, hilft ein Übersiedeln der Pflanzen in eine gemäßigtere Temperaturzone, ein großer Temperaturschock ist aber unbedingt zu vermeiden. Danach alle offensichtlich geschädigten Teile bis zum gesunden Gewebe zurückschneiden. Ein neuerlicher Austrieb kann lange auf sich warten lassen.
Der Blattwurf ist dann eine normale Reaktion. Die Regeneration erfolgt dann, sobald es im Frühjahr wieder anhaltend wärmer wird.

Verkühlung
tritt ähnlich bei sehr wärmebedürftigen, sensiblen Exemplaren auf, die bereits bei längeren Perioden mit niederen, aber nicht frostigen Temperaturen Erfrierungssymptome zeigen.
Abhilfe: Standortwechsel ohne Schock. Als Vorbeugung ausführlich mit den Kulturbedingungen der jeweiligen Arten auseinander setzen.

Sonnenbrand
kann unter Glas besonders gefährlich werden. Als Erstes gefährdet sind junge Austriebe und neue Blätter. Die Blätter werden gelb und schwächlich, erleiden im Extremfall Brandflecken, die sich ausbreiten und zum Totalverlust der Pflanzen führen können. Sonnenbrand tritt auch auf, wenn Pflanzen für längere Zeit geschützt oder gar dunkel gestanden sind und dann schlagartig hellem Sonnenlicht und Wärme ausgesetzt werden.
Abhilfe: Vorbeugend Pflanzen, die in der Natur Schatten oder Halbschatten bevor-

zugen, auch im Wintergarten nicht an vollsonnige Standorte setzen.

Wärmeschaden
entsteht direkt oder in Zusammenwirkung mit mangelhafter Bewässerung bzw. zu geringer Luftfeuchte. Ergebnis sind Welke oder Vertrocknung der Blätter und jungen Triebe bis zum Abwurf bereits angesetzter Blütenknospen.
Abhilfe: Vorbeugend für optimale Kulturbedingungen sorgen und z. B. periodische Ruhezeiten bei abgesenkter Temperatur einhalten.

Tipp

Brandschäden an den Blättern können auch eine ganz andere Ursache haben. Wenn kräftige Sonnenstrahlen auf Wassertropfen treffen, können diese, bevor sie verdunsten, eine „Brennglaswirkung" hervorrufen und punktuelle Brandflecken hinterlassen.

Trockenschaden
kann mangelhafte Bewässerung oder extrem niedere Luftfeuchte als Ursache haben. Auch ein Zuviel an Bewässerung kann zu oberflächiger Vertrocknung führen! Wenn anhaltende Staunässe die Wurzeln nachhaltig schädigt, bricht die Flüssigkeitsversorgung der Pflanze zusammen, was dann zum offensichtlichen Trockenschaden trotz reichlicher Bewässerung führt. Das Verfaulen der Wurzeln gehört zu den bakteriellen Ursachen, doch die Auswirkungen zeigen dieselben Symptome wie Trockenschäden.
Abhilfe: Vorbeugend Luftfeuchtigkeit beachten, mit Bedacht gießen.

Gelbsucht oder Chlorose
zeigt sich in einem Mangel bei der Ausbildung des Blattgrüns. Das Laub wird hellgrün, dann gelbgrün und zuletzt weißlich gelb, obwohl der Wuchs normal erscheint. Chlorose kann begleitend bei Wurzelerkrankungen (infolge von Staunässe) auftreten oder aufgrund von Temperaturextremen, bei Lichtmangel bzw. -überschuss oder sehr häufig als Folge von Problemen bei der Nährstoffversorgung. Eisenmangel gilt als klassischer Auslöser von Chlorose, gefolgt von Mangan- und Magnesiummangel.
Abhilfe: Mangelsymptome können durch gezielte Düngegaben von Eisen- oder Magnesiumdünger oder einen Nährstoffmix mit ausgewogenem Anteil an Spurenelementen behoben werden.

2) Tierische Schädlinge

Weiße Fliegen
sind ca. 2 mm lange, weiße Fluginsekten, die bei Befall in Massen auftreten und bereits bei leichter Bewegung der Pflanze auffliegen. Sie vermehren sich explosionsartig. Die winzigen, gelbgrünen Larven sind mit freiem Auge nicht zu sehen und setzen sich an den Blattunterseiten ab. Erwachsene Tiere und Larven saugen aus den Gewebeteilen Zellsaft. Die Blätter vergilben, werden geschwächt und anfällig für schädliche Pilzerkrankungen.
Bekämpfung: durch „Gelbtafeln" oder „Gelbsticker", die die Fliegen auf eine klebrige Fläche anlocken und nicht

Die Weiße Fliege kann durch Gelbtafeln oder Nützlinge bekämpft werden.

mehr freigeben. Ein natürlicher Feind ist die winzige Schlupfwespe, sie greift die Larven an.

Trauermücken
selbst verursachen keinen Schaden. Aber die aus den Massen von Eiern geschlüpften Larven fressen an den Wurzeln und unteren Stängeln der Pflanzen. Das ist für junge Pflanzenteile oft tödlich, ältere Exemplare werden nur minder geschädigt.
Bekämpfung: „Gelbtafeln", Nematoden als Nützlinge

Dickmaulrüssler
schädigen doppelt. Die erwachsenen Käfer fressen vor allem in der Nacht Blätter vom Rand nach innen (Buchtenbildung). Die bis zu 1 cm großen, durchsichtigen Larven, die im Boden leben, ernähren sich saugend an den Wurzeln und an der Stammbasis der Pflanzen. Das führt zumindest zu Wachstumshemmungen und im schlimmsten Fall zum Absterben der Pflanze.

Der Dickmaulrüssler ist nachtaktiv.

Bekämpfung: Wirksam, aber mühselig: das nächtliche Einsammeln der Käfer. Die Larven werden mit Nematoden bekämpft.

Thripse
sind etwa 1,5 mm lange, bräunliche Insekten, die an allen Pflanzenteilen, vorzugsweise auch Blüten, saugen. Die Larven sind gelblich. Sie hinterlassen an der Blattoberseite runde, silbrig glänzende Flecken und an den Blattadern verkorkte Stellen.
Bekämpfung: Die wirksamste Methode ist der Einsatz von Raubmilben.

Schildläuse und Wollläuse
zählen zu den lästigsten Schädlingen im Wintergarten. Sie sind widerstandsfähig und vermehren sich reichlich. **Schildläuse** setzen sich auf allen Pflanzenteilen, vorzugsweise an schwer zugänglichen Stellen (Blattachseln), fest. Erwachsene Tiere wandern nicht mehr, sondern saugen sich an einer Stelle fest, während sie einen kräftigen Schutzpanzer bilden.
Woll- oder Schmierläuse sind ebenso hartnäckig und bilden eine wollig weiße Wachsausscheidung auf ihrem Rücken. Beide hinterlassen auf den Pflanzenteilen klebrige Ausscheidungen (Honigtau), an denen sich in Folge Rußtaupilze ansiedeln. Der größte Schaden entsteht durch ihre Saugtätigkeit, die den Pflanzen so viel Säfte entzieht, dass es zu Blattfall kommt. Beide breiten sich ohne rechtzeitige Gegenmaßnahmen rasant über benachbarte Pflanzen aus.
Bekämpfung: Händisches Entfernen mit dem Fingernagel; Einsatz von Paraffinölen, unter dem die Tiere ersticken. Die meisten dieser Mittel sind aber zugleich eine Gefahr für junge Austriebe und behaarte Blätter. Als Nützlinge haben sich Australische Marienkäfer bestens bewährt, die zugleich auch andere Lausarten wirksam bekämpfen.

Blattläuse
treten meist überfallsartig auf. Sie saugen an den Pflanzensäften und geben gleichzeitig für die befallenen Pflanzen schädliche Giftstoffe ab. Besonders lästig sind ihre Ausscheidungen, die Ameisen in Massen anlocken und Nährböden für Pilzerkrankungen sind. Blattläuse breiten sich explosionsartig aus.
Bekämpfung: Insektizide gegen Blattläuse gibt es in unterschiedlichster Qualität. Der tatsächliche Wirkungsgrad,

ungewollte Begleiterscheinungen, der Grad der Giftigkeit und die Umweltverträglichkeit sollten hinterfragt werden.
Alternative Methoden: „Hausmittel" zur Vorbeugung und Bekämpfung – wirklich zu empfehlen ist der Einsatz der räuberischen Gallmücke. Ihre Larven ernähren sich von Blattläusen und rotten sie aus. Mit ähnlichem Erfolg können auch Blattlausschlupfwespen oder Florfliegen verwendet werden.

TIPP

Wenn Sie neue Pflanzen erstanden haben, unterziehen Sie diese einer mehrtägigen „Quarantäne", einem Zwischenaufenthalt an einem Ort, wo keine unmittelbare Ansteckungsgefahr für andere Pflanzen besteht. Kontrollieren Sie diese Pflanzen täglich auf etwaige Symptome. Wenn keine Auffälligkeiten auftreten, wird die Pflanze im Wintergarten eingesiedelt. Im Verdachtsfall kann man vorbeugende Maßnahmen setzen.

Spinnmilben oder Rote Spinne
sind lästige und häufige Schädlinge im Wintergarten, die sich bei Lufttrockenheit und Wärme besonders wohl fühlen. Man erkennt sie meist erst, wenn sie feine Gespinste über befallene Pflanzenteile bilden. Bevorzugt an der Blattunterseite, wo sie sich auch rasant vermehren. Der durch Saugtätigkeit verursachte Schaden ist oft groß.
Bekämpfung: Anhebung der Luftfeuchtigkeit stoppt weitere Vermehrung. Spritzmittel auf Basis von Paraffinöl oder von Kaliumsalzen natürlicher Fettsäuren, diverse Hausmittel. Wirklich erfolgversprechend: Einsatz von Raubmilben, die aber nur bei Temperaturen von über +20 °C aktiv werden.

Neue Pflanzen zur Sicherheit einer mehrtägigen „Quarantäne" unterziehen!

3) Pilzbefall

Rußtau
befällt Gewebsflächen, auf denen sich schon vorher Honigtau aus den Ausscheidungen von Schadinsekten gebildet hat. Es entsteht ein rußartiger, schwarzer Pilzbelag. Das Gewebe wird aber nicht direkt geschädigt.
Bekämpfung: Vorbeugend ist die Vernichtung der Honigtau ausscheidenden Sauger; bei Befall: Rußtau mit lauwarmem Seifenwasser gut abwaschen.

Verschiedene Blattfleckenpilze
zeigen sich durch verschiedenfarbige Stellen an Blättern und anderen Pflanzenteilen. Das Gewebe wird durch sie angegriffen und stirbt ab.
Sie befallen nur geschwächte Pflanzen.
Bekämpfung: Befallene Pflanzenteile entfernen und entsorgen, Wachstumsbedingungen der Pflanzen verbessern.

Echter Mehltau
bildet an beiden Seiten des Blattes Flecken mit mehlartigem Pilzbewuchs. Ursachen sind starke Temperaturschwankungen und hohe Feuchtigkeit. Ein Überangebot an Stickstoff wirkt fördernd.
Bekämpfung: Entsorgung der geschädigten Partien und Beseitigung der genannten Ursachen. Topfpflanzen vorübergehend in Quarantäne mit besseren klimatischen Bedingungen übersiedeln.

Grauschimmel
befällt Jungpflanzen, junge Austriebe und krautige Pflanzenteile. Er bildet sich auf braunen, fauligen Flecken und überzieht sie mit weißgrauem Schimmel. Die Entwicklung wird durch zu hohe Boden- und Luftfeuchte in Verbindung mit stickiger, abgestandener Luft begünstigt. Grauschimmel wird oft durch überwinternde Kübelpflanzen verbreitet, die bereits im Freien bei kühlen Temperaturen zu nass gehalten wurden.
Bekämpfung: Geschädigte Teile ausschneiden und entsorgen. Substrat abtrocknen lassen, evtl. oberflächig abziehen und teilweise erneuern. Künftig weniger bewässern und zwischendurch das Substrat immer abtrocknen lassen. Das richtige Maß an Luftfeuchte beachten und mehrmals täglich für Luftaustausch im Wintergarten sorgen.

Wurzelhals- und Wurzelfäulnis
können verschiedene pilzliche oder bakterielle Erreger haben. Erscheinungsformen: Bodennahe Stängel- und Stammteile verfärben sich braun oder schwarz, werden weich, der Rest der Pflanze beginnt zu welken, um letztendlich abzusterben. Im Wurzelbereich hat der gleiche Prozess fatale Folgen. Ursache ist meist ein Problem im Substrat, ausgelöst etwa durch Staunässe oder Überdüngung.
Bekämpfung: Sind die Symptome sichtbar, ist es oft zu spät. Abgestorbene oder absterbende Pflanze mit dem sie umgebenden Substrat entfernen und entsorgen. In Gruppenpflanzungen Substrat austauschen! Ursachen, wie etwa schlechter Abzug des überschüssigen Gießwassers, beheben. Der vorbeugende oder therapeutische Einsatz von zumeist sehr giftigen Fungiziden sollte vermieden werden.

Übersicht Nützlingseinsatz

Schädling	*Nützling*
Blattlaus	*Gallmücke (Aphideoletes aphidimyza), Schlupfwespe (Aphidius), Florfliegenlarve (Chrysopa carnea)*
Dickmaulrüssler	*Fadenwürmer (Nematoden)*
Spinnmilbe, Rote Spinne	*Raubmilbe (Phytoseiulus persimilis)*
Thripse	*Florfliegenlarve (Chrysopa carnea)*
Trauermücke	*Exhibit – Fadenwürmer (Steinernema)*
Weiße Fliege	*Schlupfwespe (Encarsia formosa)*
Wolllaus, Schildlaus	*Australischer Marienkäfer (Cryptolaemus)*

Index

A

Abutilon, Schönmalve 76

Acacia, Akazie

A. baileyana, A. dealbata, A. floribunda, A. spectabilis 17, 46

Aechmea fasciata, Silbervasen-Lanzenrosette 77

Agapanthus, Schmucklilie

A. africanus und *A. campanulatus* 10, 47

Agave, Agaven

A. americana, A. attaneata, A. ferox, A. sisalana, A. texana 15, 47, 48

Aglaonema, Kolbenfaden 77

Albizia, Seidenakazie

A. lophanta, A. julibrissin 48

Allamanda catharactica, Goldtrompete 68

Alocasia, Pfeilblatt, Elephantenohr 12, 13, 19, 77

Aloe, Aloe

A. africana, A. arborecens, A. dichotoma, A. ferox, A. vera 12, 13, 59

Aloysia triphylla, Zitronenstrauch 76

Anthurium, Flamingoblume

A. andreanum, A. clarinervum, A. crystallinum, A. scherzerianum 11, 68, 69

Araucaria araucana, Chile-Araukarie 76

Ardisia crenata, Gewürzbeer-Spitzenblume 76

Aristolochia littoralis, Strand-Pfeifenwinde 77

Arum italicum, Italienischer Aronstab 15, 76

Aucuba japonica, Aukube 76

B

Begonia cucculata var. *hookeri* (syn. *B. semperflorens*), Begonie 76

Brugmansia, Datura, Engelstrompete

B. aurea, B. x *candida, B.* x *flava, B. insignis, B. sanguinea, B. suaveolens* 60, 61

Brunfelsia pauciflora, Brunfelsie 69

Butia capitata, Geleepalme 49

C

Caladium bicolor, Engelsflügel-Kaladie 77

Calathea zebrina, Zebra-Korbmarante/-Pfeilwurz 77

Callistemon, Zylinderputzer

C. brachyandrus, C. citrinus, C. linearis, C. pinifolius, C. pungens, C. rugulosus 17, 49

Camellia japonica, Kamelie 50

Campsis, Trompetenblume, Trompetenwinde

C. grandiflora und *C. radicans* 11, 50

Capparis spinosa, Echter Kapernstrauch 76

Cassia, Gewürzrinde

C. brewsteri, C. fistula, C. grandis, C. javanica, C. tomentella 13, 19, 60

Cestrum elegans, Roter Hammerstrauch 76

Chamaerops, Zwergpalme

C. humilis und *C. humilis* var. *argentata* 11, 15, 19, 51

Cissus antarctica, Känguruh-Klimme 76

Citrus, Zitruspflanzen 52

Clerodendrum, Losbaum

C. paniculatum, C. speciosissimum, C. thomsoniae, C. trichotomum var. *fargesii, C. ugandense* 70

Cobaea scandens, Glockenrebe 76

Columnea gloriosa, Goldfisch-Rachenrebe 77

Cordyline, Keulenlilie

C. australis, C. banksii, C. indivisa, C. stricta 61, 62

Crinum, Hakenlilie

C. bulbispermum und *C. moorei* 52

Ctenanthe oppenheimiana 'Tricolor' 77

D

Dracaena, Drachenbaum

D. arborea, D. draco 11, 61

Dieffenbachia, Dieffenbachie

D. amoena, D. maculata 70

E

Ensete ventricosum, Zierbanane 11, 19, 70, 71

Epipremnum aureum, Goldene Efeutute 17, 77

Eriobotrya japonica, Japanische Wollmispel 76

Eucalyptus, Fieberbaum, Eukalyptus

E. caesia, E. cinerea, E. cordata, E. ficifolia, E. globulus, E. kruseana, E. lansdownea, E. leucoxylon, E. pauciflora, E. perriniana, E. pulverulenta, E. tetraptera 15, 53, 54

F

Fatsia japonica, Zimmeraralie 13, 15, 54

Ficus carica, Echter Feigenbaum 10, 17, 54, 55, 77

Fuchsia, Fuchsie 76

G

Gardenia augusta, Kap-Gardenie 77

Grevillea, Grevillee, Silbereiche

G. banksii, G. juniperina, G. robusta, G. rosmarinifolia, G. x *semperflorens* 61, 62

Guzmania, Guzmanie 77

H

Haworthia attenuata, Gestreifte Haworthie 76
Hibiscus rosa-sinensis, Chinesischer Roseneibisch 76
Howea, Kentiapalme
H. belmoreana, H. forsteriana 12, 13, 71
Hydrangea macrophylla, Garten-Hortensie 76

I

Impatiens walleriana, Fleißiges Lieschen 76
Ipomea indica, Indische Prunkwinde 62, 77

J

Jasminum mesnyi, Primel-Jasmin 76

K

Kalanchoe, Kalanchoe 11, 17, 77

L

Lagerstroemia indica, Kräuselmyrte 55
Laurus nobilis, Echter Lorbeer 76
Leptospermum scoparium, Teebaum 56
Licuala grandis, Große Strahlenpalme 77
Livistona australis, Australische Livistonpalme 76
Lycianthes rantonnetii, Enzianbaum 65

M

Mandevilla splendens, Glänzender Chilejasmin 77
Maranta leuconeura, Bunt-Pfeilwurz 77
Monstera, Fensterblatt
M. acuminata, M. adansonii, M. deliciosa,
M. friedrichstahlii, M. leichtlinii 17, 72
Musa, Banane
M. acuminata, Musa basjoo, M. nana, M. ornata,
Musa x *paradisica, M. sikkimensis,*
M. uranoscopus, M. velutina 19, 73

N

Neoregelia, Gerunzelter Zwergpfeffer 77
Nerium oleander, Oleander 15, 63

P

Passiflora, Passionsblume
P. x *allardii, P. antioquensis, P. caerulea,*
P. x *decaisneana, P. edulis, P.* x *exoniensis,*
P. mollissima, P. quadrangularis, P. racemosa,
P. x *violacea, P. vitifolia* 19, 64
Peperomia caperata, Pfeffergesicht 77
Pericallis, Aschenblume, Cinerarie 77
Phalaenopsis, Malaienblume 77
Philodendron, Baumfreund
P. bipennifolium, P. bipinnatifidum, P. cordatum,
P. domesticum, P. erubescens, P. giganteum, P. gloriosum,
P. imbe, P. melanochrysum, P. ornatum, P. pedatum,
P. scandens, P. speciosum 16, 17, 19, 72, 73, 74
Phoenix roebelenii, Zwerg-Dattelpalme 77
Phyllostachys aurea, Goldrohrbambus 76
Pilea cardierei, Vietnam-Kanonierblume 77
Pistacia lentiscus, Pistazie, Mastixstrauch 76
Pittosporum tobira, Klebsame 55, 57
Polystichum falcatum, Mondsichel-Schildfarn 76
Plumbago, Bleiwurz
P. auriculata, P. indica 13, 19, 64, 65
Punica granatum, Granatapfelbaum 57

S

Sabal minor, Zwerg-Palmetto 76
Schefflera actinophylla, Queensland-Strahlenaralie ... 77
Senna, Senna
S. alata, S. artemisioides, S. corymbosa,
S. didymobotria, S. hebecarpa,
S. multiglandulosa, S. spectabilis 13, 19, 60
Solanum, Nachtschatten
S. aviculare, S. crispum, S. jasminoides,
S. muricatum, S. seaforthianum, S. wendlandii ... 65
Spathiphyllum floribundum, Blattfahne 71
Stephanotis floribunda, Madagaskar-Kranzschlinge ... 77
Strelitzia, Strelitzie, Paradiesvogelblume
S. alba, S. reginae 56

T

Tecomaria capensis, Kapgeißblatt 67
Thunbergia, Thunbergie
T. alata, T. battiscombei, T. erecta, T. grandiflora,
T. gregorii 19, 74
Tibouchina urvilleana,
Tibouchinie, Prinzessinenblume 75
Trachycarpus, Hanfpalme
T. fortunei, T. martiana, T. wagneriana 58
Tradescantia fluminentis, Rio-Dreimasterblume 77

Y

Yucca, Palmlilie
Y. aloifolia, Y. filamentosa, Yucca gloriosa .. 11, 15, 58

Z

Zamia, Palmfarn, Zamie
Z. fischeri, Z. furfuracea, Z. lindenii, Z. pumila,
Z. skinneri 75
Zantedeschia, Zimmerkalla
Z. aethiopica, Z. albomaculata, Z. elliottiana,
Z. rehmannii 15, 67

Bezugsquellen und Adressen

Österreich

Pflanzen

SCHLOSSGÄRTNEREI VÖSENDORF
Schlossplatz 1, 2331 Vösendorf
Tel. u. Fax: 02235/81 901
Mobil: 0699/11 32 79 21
E-Mail: gartenbaureisenberger@web.de

BAUMSCHULE PRASKAC
Praskacstraße 101–108, 3430 Tulln
Tel.: 02272/624600, Fax: 02272/63816
E-Mail: office@praskac.at
www.praskac.at

BELLAFLORA
Zentrale: Poststraße 3, 4060 Leonding
Tel.: 0732/38 00 71-0
Filialadressen unter: www.bellaflora.at

GLASHAUS TAUBER (Orchideen)
Iglerstraße 59 6080 Igls
Tel.: 0512/377375
E-Mail: blumen.tauber@netway.at
www.glashaus-tauber.at

Wintergarten-Hersteller

ALCO-GmbH
Slamastraße 25–27, 1230 Wien
Tel.: 01/616 56 58-0
E-Mail: info@alco.at
www.alco.at

AMDEGA
Teichgasse 33, 2353 Guntramsdorf
Tel.: 02236/56245
E-Mail: info@amdega.at
www.amdega.at

RYDL-KEG
Badner Straße 24, 2523 Tattendorf
Tel. u. Fax: 02253/804 66
E-Mail: finstral@wintergarten.rydl.at
www.wintergarten.rydl.at

Nützlinge

BIOHELP GmbH. Nützlingsproduktion, Handel und Beratung
Kapleigasse 16, 1110 Wien
Tel.: 01/769 97 69-0
Fax: 01/769 97 69-16
E-Mail: biohelp@oge.at
www.biohelp.at

Deutschland

Pflanzen

KREMKAU RAUMBEGRÜNUNG
Innenraumbegrünung, Hydrokultur
Bindersche Str. 1, 31188 Holle
Tel.: 05062/8125, Fax: 05062/1592
E-Mail: kremkau@t-online.de
www.wohnen-im-glashaus.de
www.kremkau.de

FLORA MEDITERRANEA
Christoph und Maria Köchel
Königsgütler 5, 84072 Au/Hallertau
Tel.: 08752/1238, Fax: 08752/9930
E-Mail: info@floramediterranea.de
www.flora-mediterranea.de

FLORA TOSKANA
Böfinger Weg 10, 89075 Ulm
Tel.: 0731/9267-095
Fax: 0731/9267-108
E-Mail: info@flora-toskana.de
www.flora-toskana.de

Wintergartengarten-Hersteller

SUNSHINE Wintergärten
Boschstraße 1, 48703 Stadtlohn
Tel.: 02563/7071, Fax: 02563/204500
www.sunshine.de

WIGATEC Wintergärten
Sägmühlweg 6, 74889 Sinsheim-Reihen
Tel.: 07261/40540, Fax: 07261/4054299
www.wigatec.de

Nützlinge

KATZ BIOTECH AG
An der Birkenpfuhlheide 10
15837 Baruth
Tel.: 033704/675 10, Fax: 033704/675 79
E-Mail: info@katzbiotech.de
www. katzbiotech.de

Literaturtipps

Dieter Kämpfer:
Palmen für Zimmer und Wintergarten.
Verlag Eugen Ulmer, ISBN 3-8001-6658-5

Köchel, Christoph und Maria:
Pflanzenparadies Wintergarten.
BLV, ISBN 3-405-16590-3

Tanja Ratsch:
Wintergärten
Planen, bepflanzen, genießen.
Verlag Eugen Ulmer, ISBN: 3-8001-4180-9

Peter Klock:
Zitruspflanzen
für Wintergärten und Terrasse.
Verlag Eugen Ulmer, ISBN 3-8001-3174-9

Bildquellen

Alco Wintergärten: Seiten 26, 34/35, 43

A. Bärtels: Seiten 13 (WH), 45, 49 links, 52 rechts, 54 links, 56 links, 62, 65 links, 74

Biohelp: Seiten 90, 91

D. Böswirth: Seiten 14 (WH), 37, 47 rechts, 51, 53, 54 rechts, 58 rechts, 60 rechts, 63, 69 links, 72, 75 links

Grüne Erde: Seiten 80, 84 links

W. Kawollek: Seiten 1 (WH), 50 rechts, 55, 56 rechts, 67 links

Bildarchiv Laux: Seiten 6, 11, 18 (WH), 19 (WH), 46, 47 links, 49 rechts, 50 links, 52 links, 57, 58 links, 59, 60 links, 61 rechts, 64, 66 (WH), 67 rechts, 69 rechts, 70 beide, 73 links, 75 rechts

E. Papouschek: Seiten 65 rechts, 78/79

W. Redeleit: Seiten 2, 3 (WH), 8/9, 20/21, 22, 23, 24, 29, 31, 33, 39, 40, 44/45, 48, 61 links, 68, 73 rechts, 82, 84 rechts, 85, 86, 88, 89, 92

Bildarchiv Strauß: Seite 71